"一带一路"
国际合作
机制研究

Belt

and

Road

孔庆江 ｜ 吕宁宁

[著]

人民日报出版社

图书在版编目（CIP）数据

"一带一路"国际合作机制研究／孔庆江，吕宁宁
著. -- 北京：人民日报出版社，2023.6
ISBN 978-7-5115-7873-0

Ⅰ. ①一… Ⅱ. ①孔… ②吕… Ⅲ. ①"一带一路"
-国际合作-研究 Ⅳ. ①F125

中国国家版本馆 CIP 数据核字（2023）第 105560 号

书　　名："一带一路"国际合作机制研究
作　　者：孔庆江　　吕宁宁

出 版 人：刘华新
责任编辑：周海燕
封面设计：赵怡迪

出版发行：人民日报出版社
社　　址：北京金台西路 2 号
邮政编码：100733
发行热线：（010）65369509　65369527　65369846　65363528
邮购热线：（010）65369530　65363527
编辑热线：（010）65369518
网　　址：www. peopledailypress. com
经　　销：新华书店
印　　刷：鸿博睿特（天津）印刷科技有限公司

开　　本：787mm×1092mm　　1/16
字　　数：210 千字
印　　张：14.75
版次印次：2023 年 7 月第 1 版　2023 年 7 月第 1 次印刷

书　　号：ISBN 978-7-5115-7873-0
定　　价：58.00 元

作者简介

孔庆江，浙江杭州人，1965 年 12 月出生。先后毕业于南京大学经济地理专业（本科）、华东政法学院法学国际法专业（研究生）和武汉大学国际经济法专业（博士），对外经济贸易大学博士后。

1996 年 10 月-2002 年 9 月，分别在联合国贸易发展会议、德国马克斯普朗克比较公法与国际法研究所、英国剑桥大学劳特派特国际法研究中心、新加坡国立大学东亚研究所实习、研习和工作。

2002 年 12 月任教授，2012 年始任中国政法大学国际法学院院长，现为二级教授、钱端升讲座教授（A）、博士生导师。兼任中国国际经济法学会副会长、中国法学会世界贸易组织法研究会副会长、中国国际法学会常务理事、中央电视台国际台 CGTN 专栏作者。

出版以英文发表的专著五部，涉及中国参与 WTO 等重大议题，累计字数 200 余万。在《国际法和比较法季刊》（International and Comparative Law Quarterly）（牛津大学出版社）、《国际经济法学刊》（Journal of International Economic Law）（牛津大学出版社）、《世界贸易学刊》（Journal of World Trade）等匿名评审的国际法学刊物和其他国际主流学术刊物发表英文撰写的论文 50 余篇。两次获得部级奖：安子介国际贸易研究奖（2004 三等奖，2020 年二等奖）。

吕宁宁，北京交通大学法学院助理教授，硕士生导师，法学博士。莫斯科国立国际关系学院国际法学学士、硕士，中国人民大学法学院国际法学博士。2018 年起任北京交通大学法学院助理教授，国际法系副主任，北京交通大学思政教学团队成员。从事国际贸易法、国际投资法、海商法方向的教学、科研以及国际模拟法庭竞赛指导工作。讲授《国际经济法》《国际贸易与投资法》《国际公法》《国际法专题》《海商法》等课程；多次担任 Price Moot Court 亚太地区选拔赛法官；曾指导北京交通大学法学院获得"贸仲杯"国际模拟法庭比赛全国二等奖、"杰赛普（Jessup）"国际法模拟法庭比赛全国二等奖。

目　录

导论：中国与"一带一路"国际合作机制

"一带一路"建设已经走过 10 年历程。"一带一路"倡议是中华民族发展史上的伟大创举，是人类社会发展史上的瑰丽篇章。"一带一路"激发了中华民族的生机与活力，是中华民族伟大复兴之路上的重要里程碑。10 年来，以国际法为标志的国际合作机制与中国之间发生了前所未有的互动。描述、说明和研究这种互动，是本书的主要任务。

一、国际关系、国家利益与国际法

在今天的国际社会中，国家与国家之间有着方方面面的关系，如政治、经济、文化等方面的关系。但是，如果没有国际法中大量对国家和国家之间行为进行规范的规则，正常的国际关系就难以为继了。事实上，国际法是规制国际关系的法律，国家之间相互交往需要一定的规则来约束交往行为。从本质看，国际法是法制化的国家关系，而国际法律关系也是以法律形式表现出来的国际关系。国际法是调整国际关系的必不可少的工具，它源于国际社会成员之间相互交流的需要和国际社会秩序的需要，可见国际关系与国际法之间有着密不可分的关系。

然而，国际法不是一成不变的。20 世纪 90 年代初苏联解体后，苏联和东欧国家相继实行资本主义制度，国际政治力量的对比发生了重大变化。经济全球化进程，随着国际经济关系的进一步发展和世界贸易组织的建立而不断加快。货物、技术、资金和人员跨国流动的范围扩大和次数增多、国际经济组织作用的加强，以及国际电子商务的广泛运用，向国际法提出了一系列需要研究解决的新的理论和实践问题，而这些问题的解决反过来又将推动国际经济关系和国际法的发展。而近年来科学技术的突飞猛进，也对国际法的发展产生了深远影响。例如，计算机技术的广泛使用、互联网技术的普及、世界网络的形成，以及人工智能的成熟，打破了国际交往的地理障碍和政治限制；宇航技术的飞速发展，使人类星际旅行成为即将实现的可能；核技术的发展则使国际社会和整个人类在向往核能利用的光明前景的同时，也面临前所未有的毁灭与威胁。所有这一切，都对国际法产生了深刻影响，不仅使原来的国际法原则、规则和制度发生了变化，而且产生了新的原则、规则和制度。所以说，国际法的发展也是国际社会发展的需要。

在国际社会中，国际法是实现国家利益的工具，国家利益需要国际法来加以确定和保障，获取国家利益是国家参与国际社会的主要目的，国家在与国际社会其他成员的关系，即国际关系中必然以理想中的利益标准来衡量自己是要接受现行的国际法规则还是修改乃至重构国际法规则。每个国家都希望国际社会的规则对自己有利，国际法规定了国际社会的规则，其本身即反映不同国家的国家利益。但是在国际社会的现实中，实际利益会与理想利益有所差距，尤其是当代的世界格局，决定了国家理想利益与实际利益，以及不同国家的实际利益有较大的差距。不管接受现行国际法，还是制定未来的国际法，都体现了国际法与不同国家的互动的结果，反映了国家理想利益与实际利益的差距。因此，国际法也是国家利益间相互妥协的结果。

二、新形势下国际法与中国的互动

中国特色社会主义进入新时代，作为国际社会的重要一员、世界的第二大经济体，中国日益走近世界舞台中央。中国要建设性地参与全球治理，特别是提出要提升中国在全球经济治理中的"制度性话语权"，这是中国承担"负责任大国"之责任及构思推广新型发展模式的新承担和新思维。这一战略新思维至少体现了两个重要的转变：第一，中国在国际体系中的总体角色，从"规则参与者"转变为"规则制定者"；第二，在对外交往上，从"经济性话语权"转变为"制度性话语权"。中国的"一带一路"倡议和亚洲基础设施投资银行（AIIB）等的提出，都体现了中国已经开启制定国际规则的过程。

在这个阶段，在参与和引领国际法规则的制定上，中国强调通过国际社会成员的协商，从而制定相应的国际规则来治理世界。构建以合作共赢为核心的新型国际关系，应摒弃我赢你输、赢者通吃的旧思维，奉行双赢、多赢、共赢的新理念，在国际和区域层面建设全球伙伴关系，坚持"对话而不对抗，结伴而不结盟"。在国际政治格局演变过程中，各国应该一起来维护世界和平、促进共同发展，共同享受尊严、共同享受发展成果、共同享受安全保障。新型国际关系要体现出国家不分大小、强弱、贫富一律平等，尊重各国人民自主选择发展道路的权利，反对干涉别国内政，维护国际公平正义。各国要共同维护世界和平，以和平促进发展，以发展巩固和平。"不冲突、不对抗、相互尊重、合作共赢"是推动建立以合作共赢为核心的新型国际关系的指南。

在制定国际法规则的平台上，中国在各种多边组织和机制中发挥着积极作用，为推动世界多极化做出了重大贡献。中国发起成立的亚洲基础设施投资银行和丝路基金等区域金融机制，表明中国正积极引领构建全球经济金融治理机制。

在制定国际法规则的方向上，中国坚定维护以《联合国宪章》为核心的国际秩序和国际体系，推动联合国朝着规范、合理、有效的方向发展。在以创新推进国际经济金融体系改革，完善全球治理机制，加强多边主义等方面中发挥着重要作用。中国一直为增加新兴市场国家和发展中国家的代表性和发言权，确保各国在国际经济合作中权利平等、机会平等、规则平等而努力。

中国特色大国外交以推动构建新型国际关系，推动构建人类命运共同体为方向。党的十九大报告中指出，中国秉持共商共建共享的全球治理观，倡导国际关系民主化，坚定不移在"和平共处五项原则"基础上发展同各国的友好合作，推动建设相互尊重、公平正义、合作共赢的新型国际关系，积极参与全球治理体系改革和建设，不断贡献中国智慧和力量。新时代，中国与国际法的互动，突出表现为中国为国际法的发展贡献中国方案，体现了中华优秀传统文化的精髓。

三、中国与国际合作机制互动关系演变

1. 从策略性跟进到战略性建设

从改革开放以来中国与国际法的互动关系演变的轨迹中可以看出，从策略性跟进到战略性建设的转变是一个重要特征。从早期中国与国际法的互动方式来看，中国多是属于策略性跟进各种国际组织，而很少去影响国际法的各种规则、制度或者国际组织章程的制定。

从改革开放到1990年，中国与国际法的关系都是一种单向被动的关系。在改革开放初期，邓小平同志出于对当时时代主题的正确认识，做出和平与发展已经成为时代主题这一伟大判断。这一时期，中国参与国际组织主要是为了创造一个有利于国内发展的和平国际环境。这时期的中国，在国际经济组织中长期处于受援国的地位，在国际政治组织中处于一种较

为尴尬的境地。从本时期中国与国际法的关系来看，中国接受当时的国际法规，则很大程度上是为了寻求国际经济环境的改善和利用各种外资上的便利。改革开放之后，中国确立了以经济建设为中心的国家发展战略。而要取得经济上的快速发展，在全球化时代就必须实行积极的对外开放方针，加强与国际社会的联系，这样中国一方面可以得到来自国际上的各种技术、资金的优惠，另一方面可以加强同国际社会中其他成员的交流，从而为以经济建设为中心的国家发展战略营造良好的国际环境。

冷战的结束导致了国际体系的变化。冷战的结束及全球化的发展，使得整个世界开始日益紧密地联系在一起，任何国家都再也难以孤立地发展。第二次世界大战后整个世界分裂为资本主义和社会主义两大阵营的局面开始改变，要想在全球化的大潮中站稳脚跟就必须主动地融入世界，中国外交也开始摆脱意识形态的束缚，走上更加务实的道路。以江泽民同志为主要代表的中国共产党人，对中国的国际定位有了更加广泛深刻的理解，呼吁国际关系民主化，进而提出"中国对外政策的宗旨，就是维护世界和平，促进共同发展"，并正式宣布这一任务为中国在新世纪致力完成的三大任务之一。这成为中国参与国际法规则制定的标志，从此中国与国际法的关系进入一个全新的时期。这一时期的美国对华采取接触政策，中国获得发展的窗口期。在克林顿政府时期，美国对华基本上在"接触"与"接触+围堵"之间摇摆。到小布什政府时期，美国新保守主义崛起，开始在如何围堵中国方面下功夫。但是，"9·11恐怖袭击事件"发生后，美国不得不改变其对华政策，中美两国在共同打击恐怖主义上找到了共同点，从而使得中国可以从容地参与国际法规则的制定。发达国家在现行的各种国际体系中占据着主导地位，但其力量的不足，尤其是2008年以来经济危机的打击，也使得国际上让中国承担更大国际责任的呼声越来越大。与此相对应的是，发展中国家在现行国际体系中话语权不足。

进入新世纪后，中国不断加强和巩固同广大发展中国家的团结与合作，开始利用自己日益增强的影响力来创设各种具有广泛代表性、更加符合中小国家和新兴发展中国家利益的新型国际组织，这标志着中国引领国际法规则制定的开始，中国与国际法的关系进入战略性建设的新阶段。区域一体化和集团化的趋势，在 20 世纪 90 年代后日益加快，各种区域性、集团性国际组织开始将各区域整合起来，以图在世界经济竞争中取得领先地位。随着区域一体化和集团化优势显现，中国也开始主动加入或寻求加强与各种区域性集团组织的联系，如中国-东盟自贸区（CAFTA）的成立，以及中日韩自贸区和区域全面经济伙伴关系（RCEP）的谈判。

随着中国的发展，中国开始积极地影响和改变国际法规则和规章，并始终作为广大发展中国家利益的代表来替发展中国家表达各种利益诉求。尤其是在像联合国、国际货币基金组织、世界银行等机构的改革上，始终强调国际组织应该具有足够的代表性，以便能更广泛地保障和代表广大发展中国家的利益。

中国与国际法关系的演变进程贯穿中国发展的过程。经济实力很大程度上决定了综合国力，也决定着一个国家在国际法体系中的话语权大小。伴随着中国的强大，中国与国际法的互动关系也在发生着变化，具体表现为这种关系从单向接受走向双向互动，一方面中国接受更多的国际法规则，另一方面中国为国际法的发展贡献出了更多的智慧、方案，发挥着建设性的作用，使得中国与国际法的关系进入一个良性的互动进程中。

2. 着重于全球国际经济法律规则（秩序）制定

2008 年国际金融危机后，旧的全球经济规则（秩序）的弊端集中显现，原本的世界经济体系已经不再能够满足世界经济发展的需要，如何重新构建全球经济规则（秩序）已成为刻不容缓的问题。对此，大国之间也立即展开了新的争取国际经济规则主导权的竞争。

以美国为例，作为世界强国，其近年来陆续领导跨太平洋伙伴关系协议（TPP）、跨大西洋贸易与投资伙伴协定（TTIP）、国际服务贸易协定（TISA）等规则的制定，以求得对于世界经济规则的掌控权。

在东亚地区，在以东盟为中心、以中日韩为支撑、以双边自由贸易区为具体形式的区域经济整合中，美国一度被置于事外。尤其是在亚洲金融风暴之后，"没有美国参与的"东亚区域一体化发展更是后来居上，势头强劲。以天下为己任的美国不能容忍在"太平洋中间划一条线"将自己与东亚隔绝开来（前国务卿詹姆斯·贝克语）。自我标榜为"太平洋总统"的奥巴马率领美国重返亚洲，试图用跨太平洋伙伴关系协定中的亚太主义替代东亚主义，主导亚太经济一体化进程，以此作为世界贸易组织（WTO）多哈回合谈判失败的替代方案。

2013年6月17日，欧盟与美国正式启动双边跨大西洋贸易与投资伙伴关系协定谈判。占全球经济总量一半、全球贸易额三分之一的两大经济体，签署的协定每年将分别给双方经济创造1190亿欧元（约合1595亿美元）和950亿欧元（约合1273亿美元）的产值。如果欧美达成协议，将会建立起世界上最大的自贸区，涉及全球40%的经济产出和50%的贸易活动。该协定会让欧美市场融为一体，势必对国际经济规则的制定产生深远影响。

而对世界贸易组织多哈回合谈判缺乏进展感到失望的美国、澳大利亚等国，在2012年发起旨在达成新的国际服务贸易协定（TISA）的谈判。此项谈判将覆盖大约70%的全球服务贸易，约4万亿美元。时任中国商务部部长高虎城在2013年8月与美国贸易代表迈克尔·弗罗曼的会晤中，表达了加入谈判的意愿。迈克尔·弗罗曼在2013年10月29日隔空喊话，向中方开出了加入国际服务贸易协定的五个前提条件。中方在 2013 年 11 月初严词拒绝了美国设置的这些评估关口。

由上述可见，美国等国家意图通过在世界各地创建自由贸易区等方式创造新的国际经济规则，以架空世界贸易组织贸易体制，构建"经济北约"，同时边缘化中国这一发展中大国，使得世界屈服于美国制定的新规则。目前看来，参与全球经济规则（秩序）的制定意味着抢占全球经济规则的制高点。从当下的国际形势来看，我国作为一个发展中的大国，需要积极寻求建立一套公正合理的国际经济新秩序，用来抵御以美国为首的西方国家在国际经济规则制定方面的垄断权。

四、未来中国与国际合作机制的互动

2008 年国际金融危机后，旧的全球经济规则（秩序）的弊端集中显现，原本的世界经济体系已经不再能够满足世界经济发展的需要，如何构建全球经济规则（秩序），对中国而言，已成为绕不过去的问题。事实上，各大国之间展开了争取新的国际法规则主导权的竞争。中国作为一个发展中的大国，从国内层面来看，这是从经济大国蜕变为经济强国过程中的内在需要，也是深化国内改革的整体布局，以开放倒逼改革的重要措施；从国际层面来看，这更是顺应国际上关于中国承担更多国际责任的呼吁，以应对美式规则的需要。对此，中国需要练好内功，加强对外开放能力；以投资协定谈判为契机，构建世界性投资规则平台；构建自由贸易，寻求包容性经济秩序；改革货币政策，提升人民币国际地位；借助政治外交经济等手段，积极参与到国际法规则（秩序）的构建中去。

1. 未来中国与国际法互动的方向

2017 年，习近平主席在联合国日内瓦总部发表题为《共同构建人类命运共同体》的演讲，全面阐述了人类命运共同体理念，为人类的前途命运贡献中国智慧，为人类的进步发展提供中国方案。构建人类命运共同体，理念是首要。主权平等原则、对话和谈判、国际法治、国际关系民主化是核心理念。构建人类命运共同体，行动是关键。伙伴关系、安全格局、经济发展、文明交流、生态建设是行动路径。构建人类命运共同体，中国有决心。维护世界和平、促进共同发展、打造伙伴关系、支持多边主义，是中国的答案。

2. 未来中国与国际合作机制互动的国际阻碍

中国与国际法更紧密的互动，或者说，中国引领国际法规则的制定，面临着更大的挑战。

在国际环境方面，美国对中国实行打压。尽管美国对中国的判断是完全错误和带有偏见的，但基于这些判断的美国，对华政策将对中国引领国际法规则的制定产生不利影响。

第一，一些西方国家对中国发展过程中的政治制度的冷战思维。近代以来，政治制度的不同往往是国家之间对抗和冲突的一个重要根源。在这方面，西方国家和中国的价值观全然不同。中国相信不同政治制度可以和谐共存，而西方国家往往将实行不同政治制度的国家视为竞争者甚至敌人。

随着中国的改革与发展，中国走上了与西方国家截然不同的政治道路。当西方国家看到中国不仅没有走西方式"民主道路"，而且发展出了自己的政治模式的时候，一些西方国家就莫名其妙地感觉到了"威胁"。今天，一些西方国家的基本判断是中国的政治体制趋于永久化，中国的政治体制已经对非西方国家产生很大影响，越来越多的国家会仿照中国的体制。在一些西方国家看来，这是对西方自由民主制度的最大挑战和最大"威胁"。

第二，一些西方国家对中国发展过程中的经济制度的"冷战思维"。改革开放以来，中国经济制度渐趋成熟，形成了具有自己特色的经济模式。不过，西方简单地把中国视为是"国家资本主义"模式。20 世纪 80年代，一些西方国家相信中国会从计划经济转型到自由市场经济，但现在这种观点已经不复存在了。近年来，有的西方国家一直在炒作中国"国家资本主义"的概念。这一误解，是他们故意掩盖资本主义制度弊端转移视线的行为。

第三，一些西方国家对所谓的中国"新帝国主义"的冷战思维。这主要表现在其对中国"一带一路"倡议的冷战式思维。美国反对中国的"一带一路"倡议，美国前国务卿蒂勒森到处说中国是"新帝国主义"。德国前外长加布里尔（Sigmar Gabriel）的言论可以被视为西方国家态度的变化。在 2018 年慕尼黑安全会议上，这位外长指责中国借"一带一路"打造出了有别于自由、民主与人权等西方价值观的制度，自由世界的秩序正在解体，"目前中国是唯一拥有而且坚定实现全球性地缘政治目标的国家"，西方国家应当提出对策。

因此，中国需创造性地参与全球国际法规则的重构，才能推动一个更加公正合理的国际新秩序的形成。

3. 未来中国参与全球经济法律规则重构的目标与路径

（1）从经济大国升级到经济强国的内在需要，增加国际话语权

2010 年我国国内生产总值超越日本，成为全球第二大经济体；而根据世界贸易组织秘书处初步统计数据，2013 年中国成为世界第一货物贸易大国。我国当之无愧成为全球经济大国，但需要意识到我国要成为经济强国仍任重道远。除了量上的增加之外，我们更需要注重质的提高，这就要求我国提高在国际市场上的话语权，需要参与乃至引领全球经济规则（秩

序）的构建。

（2）深化国内改革的需要，开创改革新局面

近年来中国将开创高水平对外开放新局面作为重中之重，其实质就是要求构建开放型经济新体制，以新一轮对外开放倒逼国内改革，深化各项改革措施。故而，我国在保持现有经济增势之外，更需要参与到国际经济规则（秩序）的制定中去，突破原有的瓶颈，开创对外开放新局面。

（3）顺应国际上关于中国承担更多国际责任的呼吁，以应对美式规则的竞争

2007 年 7 月，时任美国财政部部长保尔森在上海的一次演讲中公开称，鉴于中国的经济规模及在世界市场上的地位，中国已经成为全球经济的领导者，而且理应得到领导者地位的认可。领导地位也带来了相应的责任。此后，"中国责任论"在西方世界不胫而走。在多种场合，各国领导人均纷纷表示要求中国承担更多的大国责任。以当下的国际情势来看，继续按照美欧的要求并遵循其建立的美式规则必然会损害广大发展中国家的根本利益，亚非拉美等地区的崛起预示着世界多极化的发展趋势，中国作为一个发展中的大国也需要发挥一个大国的引领作用，团结广大发展中国家，发出自己的声音，积极构建全球经济新规则新秩序。

1. 建议正确理解自己的核心利益

参与或引领国际法规则的制定，均需要对自己的国家利益有清醒和正确的认识。国务院新闻办 2011 年 9 月 6 日发表《中国的和平发展》白皮书中指出，中国的核心利益包括：国家主权，国家安全，领土完整，国家统一，中国宪法确立的国家政治制度和社会大局稳定，经济社会可持续发展的基本保障。中国在参与或引领国际法规则制定时，必须牢记国家的核心利益，作为参与国际立法的出发点和底线。

2. 建议练好内功，加强对外开放能力

参与国际法尤其是全球经济规则构建，需要参与国家具有对外开放的能力。例如，在金融领域，需要加大金融国际规制的参与程度和监管力度，维护我国庞大金融资产的安全，预防可能的经济泡沫和危机。上海自由贸易试验区，为我国提升对外开放能力和国际竞争力提供了新的模式。这一模式也需要在进一步试验的基础上，逐步形成可复制、可推广的体制机制，扩展到其他地方，拓展国际经济基础合作新空间。

3. 建议以国际经济法律规则为重点，构建国际经济新秩序

我们需要借助政治经济外交等手段，积极参与到全球经济法律规则制定中去，在通盘考虑国际经济形势的情况下，创造性地构建符合我国经济利益和国际社会要求的全球经济新规则、新秩序。具体而言，一是以投资协定谈判为契机，构建世界性投资规则平台。国际投资规则是国际经济秩序的重要组成部分。目前，中美投资协定已经停滞、中欧投资协定的谈判正在缓慢进行中。鉴于这两个投资协定必将为世界投资规则的产生奠定基础，我国需要在谈判中提出自身的要求，为世界投资规则做出自己的贡献。关于投资规则，我们需要注意到二十国集团（G20）关于国际投资规则的指南。我国需要抓住机遇，构建自己的世界性平台。

二是构建自由贸易，寻求包容性经济秩序。当下，针对美国试图边缘化中国的做法，我国需要进一步统筹多双边和区域开放合作。我国需要联合亚太地区的国家，寻求建立一种更具包容性的全球经济秩序，使得国际力量的对比向着相对均衡的方向发展，制衡以美国为代表的西方经济力量。目前，各国对于世界贸易组织（WTO）规则的发展都不抱有太大希望，但我国必须在利用好原本的 WTO 规则的同时，联合各国共同制定新的全球贸易政策，突破原先的贸易保护主义措施壁垒，平衡世界经济，积

极引导创建新的国际经济规则。

三是改革货币政策，提升人民币国际地位。在制定全球经济法规则的过程中，货币体系和货币政策也是需要重点考虑的事项之一。真正的强国，必然是金融大国。虽然上海等地国际金融中心建设成果斐然，但我国远非金融大国，这势必会对我国整体经济产生不利影响。最重要的原因莫过于，人民币迄今尚不是国际可兑换货币。我国应以人民币国际化为契机，推动国际金融秩序的建设，创建人民币支柱型的国际货币金融新体系。当下，国际金融体系正处于重整之时，世界货币的改良也是重中之重。我们不妨借此契机进一步改革货币政策，提升人民币地位，人民币已经被纳入国际货币基金特别提款权一揽子货币的体系中，领导人杭州峰会要在此基础上继续向外推动人民币国际化进程。2016年二十国集团（G20）领导人杭州峰会通过了《迈向更稳定、更有韧性的国际金融架构的议程》。我们支持进一步强化以强劲的、以份额为基础的、资源充足的国际货币基金组织为核心的全球金融安全网，提高国际货币基金组织贷款工具的有效性，并在尊重各自职责的基础上，进一步加强国际货币基金组织与区域金融安全网之间的有效合作。

五、结束语

中国过去四十多年的行为，实际上是中国主动融入国际社会接受大多数国际规则的历程，不但未显示其在对抗或破坏现行国际秩序，而且是在扮演一个国际秩序支持者或至少是"有条件的支持者"的角色。自20世纪80年代中国采取国际参与政策以来，参与该秩序的水平和质量与大多数其他国家相当。

随着中国的发展，中国参与国际事务和国际规则制定的愿望越来越强烈。目前，中国的总体经济实力已位于世界前列，但"制度性话语权"依然严重匮乏，与其大国地位及对世界的应有贡献不相称。对中国而言，一个日益强化的多边国际秩序可为中国和其他国家一起参与塑造国际秩序和制约美国的单边主义提供重要的支持。

需要指出的是，中国根据自身利益引领国际法规则的制定并不是对国际体系的威胁，虽然远期看来，中国对国际法所采取的姿态正在发生重大变化，中国构建"制度性话语权"的努力对 1945 年以来美国主导的国际法律秩序会造成结构性冲击，而美国亦以战略性反制阻碍中国的发展。因此，在实践中我国不应突出与现存国际法的冲突而陷入"修昔底德陷阱"。

第一章

"一带一路"倡议的合作机制建设

一、"一带一路"倡议呼唤国际合作机制

"一带一路"倡议是"丝绸之路经济带"和"21世纪海上丝绸之路"的简称，最早由习近平主席分别于2013年9月和10月提出。[①] "一带一路"倡议随后被写入中国共产党十八届三中全会《决定》。[②] 2015年2月，经国务院授权，国家发改委、外交部和商务部联合发布了《推动共建丝绸之路经济带和21世纪海上丝绸之路的愿景与行动》，国内外舆论高度期待的"一带一路"才掀开了她神秘的面纱。正如其名字所强调的，这一规划更多属于未来的"愿景"和"行动计划"，还是一个大概的框架思路，并没有形成成熟的"路线图"。

"一带一路"倡议的推进，显然不能只靠中国一个国家，不能只靠中国的企业，而必须有沿线国家的理解支持和参与。在中国领导人提出"一带一路"倡议后，特别是在此后中国领导人出访的外交场合和中国的主场

[①] 习近平主席9月在哈萨克斯坦纳扎尔巴耶夫大学演讲中提出，为了使欧亚各国经济联系更加紧密、相互合作更加深入、发展空间更加广阔，可以用创新的合作模式，共同建设丝绸之路经济带。10月访问东盟时，习近平主席又提出发展好海洋合作伙伴关系，共同建设21世纪海上丝绸之路。

[②] 党的十八届三中全会《决定》提出，建立开发性金融机构，加快同周边国家和区域基础设施互联互通建设，推进丝绸之路经济带、海上丝绸之路建设，形成全方位开放新格局。

外交活动场合中，"一带一路"倡议获得多方支持。

正如有学者所指出的那样，目前的"一带一路"倡议是以发展为导向的。但是如果无视国际法律制度建设，"一带一路"建设就是不平衡的和不可持续的。"一带一路"倡议呼唤国际法律制度支撑，这是由于"一带一路"建设必然处于一定的国际秩序中，这个国际秩序由主导价值观、制度安排和国际规范这三要素构成。国际规范是根据主导价值观而制定的约束国际成员行为的习惯、规则、法律等一类的规范。制度安排是约束国际成员遵守国际规范及其权力分配的保障。[①]

习近平总书记关于"一带一路"倡议的系列重要讲话，已经提供了诸如人类命运共同体、共商共建合作共赢等主导价值观。中国需要一个有约束力的法律机制来巩固，政治政策需转化为国际法才能获得稳定性与合法性。

"一带一路"建设涉及的法律问题极其复杂。第一，"一带一路"沿线国家法律传统的冲突和法律发展程度差异问题。"一带一路"沿线六十多个国家的法律传统涉及大陆法系、英美法系、苏联社会主义法系等；法律传统的不同意味着彼此的规则不同，如果不清楚其间的规则和要求，将会带来预料不到的法律风险。第二，沿线国家都有自己的法律体系。不但在基础设施建设、贸易与投资管理、能源开发、区域合作、劳动用工、环境保护、税收金融等公法诸多领域的规则不同，甚至在公司、合同、侵权、知识产权等私法方面也存在法律冲突。第三，"一带一路"沿线国家大多属于发展中国家（其中包括最不发达国家）、转型经济国家或新兴经济体，多数国家法律制度并不完善，法治化程度不高。上述这些情形导致沿线国家营商环境缺乏可预见性，致使企业海外投资贸易风险增加。

---

① 阎学通：《无序体系中的国际秩序》，《国际政治科学》2016年第1期。

对于上述三种情形,如何有效应对这些挑战,是"一带一路"建设必须考虑解决的问题。一方面,"一带一路"沿线国家相互之间存在法律制度缺失。本来世界贸易组织(WTO)是覆盖全球164个国家或地区成员的经贸条约体系,但许多沿线周边国家,如土库曼斯坦、乌兹别克斯坦、白俄罗斯、阿塞拜疆、伊朗、伊拉克、黎巴嫩、叙利亚、埃塞俄比亚、索马里等[1],不是WTO成员国家。这些国家的有关法律、政策,不受世贸组织规则的约束。同样,本来《承认及执行外国仲裁裁决公约》(以下简称《纽约公约》)为世界上157个国家相互承认和执行仲裁裁决设置了便利,但有的"一带一路"沿线国家,如土库曼斯坦、伊拉克、索马里、埃塞俄比亚等并不是《纽约公约》的缔约国[2],这就意味着在处理这些国家的投资项目争议的国际仲裁中,在获得这些国家法院对这些仲裁裁决的承认和执行方面,仍然有着重大的不确定性因素,从而使得仲裁结果难以落实。除此之外,本来《解决国家与他国国民投资争端公约》提供的解决国际投资争端中心(ICSID),是154个缔约国解决东道国与投资者之间争端的重要手段,但"一带一路"沿线的俄罗斯、泰国、缅甸、埃塞俄比亚等国尚不是缔约国,[3] 限制了这些国家的投资者对该公约和ICSID的利用。另一方面,又存在所谓的"法律制度过剩"问题。除了大量的双边协调合作机制外,还建立了上海合作组织(SCO)、中国-东盟"10+1"、亚太经合组织(APEC)、亚欧会议(ASEM)、亚洲合作对话(ACD)、亚信会议(CICA)、中阿合作论坛、中国—海合会战略对话、大湄公河次区域(GMS)经济合作、中亚区域经济合作(CAREC)等众多多边合作机制,在沿线国家已经形成密密

---

① https：//www.wto.org/english/thewto_e/whatis_e/tif_e/org6_e.htm.

② http：//www.newyorkconvention.org/countries.

③ https：//icsid.worldbank.org/en/Pages/about/Database-of-Member-States.aspx.

麻麻的机制化网络，略显碎片化。

在这些情况下，未来"一带一路"的合作机制建设，需要进一步加强同沿线各国的合作，致力于在形成共同主导价值观的前提下构建国际规范和制度安排。

未来"一带一路"的制度建设，必须推动现有不同机制之间的相互包容，尤其是在不同机制之间搭建沟通和衔接的平台，防止不同机制之间彼此冲撞，特别是要注重老机制与新机制的协调问题。由于机制性互容本身涉及到复杂的利益和权力因素，需要谨慎对待，采取循序渐进的方式促进体制机制的相互适应，推动建立区域经济合作架构和一系列合作机制，为"一带一路"沿线国家的深度合作创造条件，最终构筑面向亚欧乃至全球的开放型经贸新体系。近期看来，要借助各种双多边机制为沿线节点国家政治危机和重大地区问题（如阿富汗问题）的建设性解决提供"中国方案"，从而不仅在国际关系领域树立典范，也是我国在国际法领域做出的新的贡献。

从长远的角度说，"一带一路"建设应有一套多边的规则化的制度，沿线国家按照自己承诺的统一的规则行事，承担义务并享有权利。其一，"一带一路"的开放性使其具有向全球拓展的潜力，"一带一路"在合适的条件和时机下，可能会从亚太局部范围走向整个亚非欧地区，甚至拓展到全球范围，成为一个多边机制；其二，"一带一路"建立在一个贸易自由化范围较广、水平适度的制度基础之上，在这样的前提下容纳更多国家参与"一带一路"建设和纳入较高标准规则之间存在互相平衡的现实可能性。

二、"一带一路"合作机制的跨地缘合作基础

"一带一路"作为超越时代发展的合作的倡议，是中国与丝路沿途国家以及世界各国分享优质产能、共商项目投资、共建基础设施、共享合作

成果的平台，重点内容包括政策沟通、设施联通、贸易畅通、资金融通、民心相通等一系列的合作，它更是中国提出的开放包容的国际合作平台。"一带一路"倡议，是要建立一个政治互信、经济融合、文化包容的利益共同体、命运共同体和责任共同体。在2015年《推动共建丝绸之路经济带和21世纪海上丝绸之路的愿景与行动》计划中，提出"一带一路"建设秉承的共商、共建、共享原则。"一带一路"有益于经济增长、全球化再平衡、开创地区新型合作关系。2017年3月，联合国安理会通过了2344号决议，呼吁国际社会通过"一带一路"建设加强区域合作，并首次载入"构建人类命运共同体"理念。2019年4月25日至27日，在北京举办的第二届"一带一路"国际合作高峰论坛，达成一系列合作共识、重要成果及务实成果。习近平主席在主旨演讲中表示，共建"一带一路"为世界经济增长开辟了新空间，为国际贸易和投资搭建了新平台，为完善全球经济治理拓展了新实践，为增进各国民生福祉做出了新贡献，成为共同的机遇之路、繁荣之路。现在，"一带一路"已经成为合作行动和合作现实。

在原有传统的国家或区域合作观念中，基于地理位置邻近等因素的合作，已经成为极有国际影响力的传统观念。客观原因是在区域贸易的初始阶段，重视和亟须解决的是因市场资源封闭而产生的经济联系困难的问题，而相邻国家或地区间具有交通运输条件的优势，区域经济发展便会得益于此。对此，原有较典型的是欧洲联盟、北美自由贸易区等区域合作形式。

当今世界的区域自由贸易，已并非局限于相邻的国家关系。相邻国家或相邻地区的自由贸易区或关税同盟只是形式之一，跨地缘关系的自由贸易区也在不断涌现，如美国与东盟的贸易关系，美国、日本、韩国的贸易关系，跨太平洋贸易关系以及欧盟与美洲墨西哥的贸易关系等，充分说明区域贸易开放的格局已经超出了相邻的地理概念，这就使得区域贸易方式发生了重要变化，也为跨地缘的开放合作提供了基础条件。

就经济意义而言，左右这种跨地缘的区域联系的重要因素是各国不同的国家利益与经济利益。通过更广泛的区域开放合作促进贸易增长，可以保证扩大这类新型市场的竞争空间；不过也可以成为限制他国利益的条件，以及获得某个地区经济的主导权的前提。当然，跨地缘的区域联系中，还包括政治、文化等其他因素，如就地缘政治而言，它也许是政府签订自由贸易协议的更重要考虑，实际上区域贸易协定也可以作为保护国家利益的全球战略与区域战略工具。虽然不能因此就否认这种地缘合作在这种法律制度中可能或者一定发生与多边的贸易体制的各种冲突，但是在区域经济主导一旦趋于单边贸易保护的情况下，矛盾是存在的。经济贸易的现实表明，不同经济发展阶段的不同国家都会采取各种措施，来规避于己不利的贸易制度，贸易保护在理论上可以得到抽象解决，尽管目前纯粹的或绝对的贸易保护似乎也缺乏活动范围，但是在贸易实践中其仍然在不同的市场有不同的表现。例如，针对技术的贸易壁垒、针对投资的壁垒，以及针对金融的壁垒等措施。实际上，近年来经济贸易的单边主义，目的在于运用新的和不同的贸易保护手段脱离多边贸易体制的约束。

值得注意的是，从基本优势理论出发分析观察，发达国家期望拉开与发展中国家的经济发展距离，以便长期保持其优势地位。例如，作为发达国家的美国，除了技术政策之外，其所实施的贸易政策，正在走向从"自由贸易"转向"公平贸易"，实际上就是新的经济贸易保护类型。

早在 20 世纪的关税与贸易总协定（GATT）的最初阶段，主要对相邻国家的边境关税设计出特殊的优惠制度，致使在区域中发生采取偏离普遍最惠国待遇的特殊制度的现象。之后的世界贸易组织（WTO）等多边贸易制度，对这种区域机制也提供了制度条件。尽管这种合作设计中没有否认经济贸易联系的地理位置内容，但是归纳现在的区域经济贸易模式迅速发展的原因，也不能只得出区域地理位置相近的结论。现实中的区域经济贸易正在越来越明显地进行和展开，多边贸易在以往的国际合作中也被开放的区域经济贸易所推动。尤其近年来，跨越地缘的经济活动的范围进一步扩大，不仅包括货物贸易、服务贸易、知识产权，而且包括环境、投资、农业、竞争政策等不同领域的各种内容。全球经济至少在目前还是以多边化为基础，从而进行商品、服务、生产要素与信息跨国流动，并在全球范围内不断改变资源配置。所以，曾被讨论的经济全球化也可以说是各国经济日益加深依赖的经济规模与形式。作为世界经济发展的主流，它已经影响与之相适应的法律规则体系的制定。

现在"一带一路"的合作形式已经开始跨地缘发展，它不是简单的地缘概念，也不是一般的地理概念。"一带一路"建设，在中国与其他国家和地区的相邻区域合作观念的基础上，依靠中国与有关国家既有的双边、多边机制，借助既有的、行之有效的区域合作平台，旨在借用古代"丝绸之路"的历史符号，高举和平发展的旗帜，主动地发展与沿线国家的经济合作伙伴关系，共同打造政治互信、经济融合、文化包容的利益共同体、命运共同体和责任共同体。在"一带一路"建设国际合作框架内，各方秉持共商、共建、共享原则，携手应对世界经济面临的挑战，开创发展新机遇，谋求发展新动力，拓展发展新空间，实现优势互补、互利共赢，不断朝着人类命运共同体方向迈进。这种政治互信、经济融合、文化包容的利益共同体、命运共同体和责任共同体，不仅是单纯基于地理因素的地缘合作，而且包括欧亚大陆在内的世界各国，共同构建一个互惠互利的利益共同体、命运共同体和责任共同体。"一带一路"合作遵循国际通行规则、尊重各国发展模式选择，构建合作共赢的新型国际关系，在法律上要尊重各个国家的法律法规。中国在"一带一路"合作中着力推动沿线国家之间实现合作与对话，建立更加平等均衡的新型"一带一路"发展关系，是有益于世界经济长期稳定发展基础的。所以，应当关注"一带一路"这种超越地理位置意义的跨地缘合作对开放合作的经济形态的一些特殊影响。这种跨越地缘的经济合作基础为法律合作提供了基础支撑。

三、"一带一路"合作机制的范畴

"一带一路"倡议以推进中国与世界不同国家和地区共商项目投资、共建基础设施、共享合作成果为内容和目标，这是"一带一路"倡议下开展法律制度合作的重大支撑。"一带一路"也是对经济增长之道的探寻，是"在后金融危机时代，作为世界经济增长火车头的中国，将自身的产能优势、技术与资金优势、经验与模式优势转化为市场与合作优势，实行全方位开放的一大创新"，通过"一带一路"倡议目标和目标建设来共同分享发展合作红利、分享发展合作经验。

在"一带一路"合作机制中，首要的主张和强调的合作是"充分运用中国与有关国家既有的双边、多边机制"；这既是借助既有的、行之有效的区域合作平台，也需要不同的国家和地区通过多边经济贸易制度发挥作用；并且"一带一路"注重发展与沿线国家的经济合作伙伴关系，共同构建和打造包括欧亚大陆在内的不同国家和地区互惠互利的利益共同体、命运共同体和责任共同体。

"一带一路"倡议目标实现的过程超越了原有的地缘概念，改善了原有的传统合作理念。就理论意义来讲，"一带一路"基于创新理论，但是又不局限于该理论内容，并且对全球化认识予以理论超越，强调人类命运共同体的共商、共建、共享原则，给 21 世纪的国际合作带来新的理念。尤其"一带一路"是要建立一个包括欧亚大陆在内的世界各国的政治互信、经济融合、文化包容的利益共同体、命运共同体和责任共同体。中国的改革开放是当今世界最大的制度创新，"一带一路"作为全方位对外开放政策，这种开放合作的"包容性发展理念"提供了它对法律制度构建的基本立场和基础。

"一带一路"尽管是由中国倡议，但绝非中国一家之事，也超出了中国国家能力所及的范围，需要沿线国家共商、共建、共享；对沿线国家人民和国际贸易投资活动的参与者而言，在本质上它应是一种有益的国际公共产品。在全球化时代，一切资源和要素都奉行"用脚投票"的自由流动原则，哪里的制度环境好，该地区的国际吸引力就强，资源和要素就往哪里集中，地区发展就获得强大的动力。

如果说"一带一路"是全球治理的中国模式，那也应该与其他全球治理方案一样，是一套规则化的合作机制，沿线国家按照自己承诺的统一的规则行事，承担义务并享有权利。其一，中国需要一个有约束力的法律机制来巩固其相关利益，政治政策需转化为国际法才能获得稳定性与合法性；其二，"一带一路"的开放性使其具有走向全球的潜力，"一带一路"的范围在合适的条件和时机下可能从亚太局部范围扩展到整个亚非欧地区，甚至扩展到全球范围，成为一个多边机制①；其三，"一带一路"建立在一个贸易自由化范围较广、水平较高的合作机制基础之上，在这样的前提下，纳入高标准规则存在现实可能性；其四，在具有与其他成员力量相比不对称的优势下，中国可以主导规则的形成。综上，从塑造国际法规则

---

① 有学者称其为"准多边国际体制"，参见薛虹：《知识产权准多边国际体制的扩张》，《暨南学报（哲学社会科学版）》2012 年第 6 期，第 46 页。另见薛虹：《十字路口的国际知识产权法》，法律出版社 2011 年版，第 103 页。

的布局来看，"一带一路"实际上只是一个手段；中国推进"一带一路"是着眼于未来的全球多边规则与机制，而不能局限于仅与眼下的制度互联互通。从国际法的角度来看，其必然是一个从区域合作迈向全球多边合作的踏板和步骤。

四、"一带一路"合作机制构建立场、要义及原则

实际上，在具体经济合作的规则运用上，"一带一路"可以发挥多边和区域合作机制的不同作用与两者各自的具体功能。当前，区域经济贸易开放已经与多边贸易进程相伴随，值得注意的是，在这种互动中以区域化规则实现贸易多边化的趋向也已经形成。

（一）"一带一路"合作机制构建的立场

"一带一路"合作机制构建的基本理念，是要解决合作机制构建中的共通性问题，而"一带一路"合作机制构建的立场则是作为"一带一路"合作机制构建的出发点。解决全球化造成的贫富差距、地区发展不平衡问题，推动建立持久和平、普遍安全、共同繁荣，这是合作机制构建的客观基础。在法律制度上，不同国家和地区的法律制度具有不同的特色，"一带一路"合作机制构建，首要是尊重这种不同特色和差异性，同时在基本的法律保护、法律协作等方面，建立符合沿线地区协同发展的协调措施。这应当是"一带一路"合作机制构建的基本立场。

（二）"一带一路"合作机制构建的要义

中国与丝绸之路合作国家和地区共商项目投资、共建基础设施、共享合作成果，这是"一带一路"合作机制的重大支撑。在"一带一路"共

商、共建、共享原则下，其合作机制构建的基本理念则是法律制度包容共享，在法律制度包容共享理念中构建合作机制。

在经济全球化基础上，各国各地区的法律制度在内在精神、原则、主要标准及主要程序上出现相互接近、协调、吸收，甚至部分统一或同一的趋向。这种趋向并不必然地与国家利益相冲突。同时，它又不是各国各地区都在一个统一的、共同的世界法之下的秩序重叠。这就是说，它应当是各国各地区法律制度的交融，但并非世界法的统一化。

这种客观法律之中的法律合作协调形态和意识形态，为不同国家和地区的法律合作机制的建立与健全提供了基本的客观条件。在这种超越原有传统观念的合作架构中，法律制度包容共享既是对不同国家法律制度的尊重，也是对国际法不同规范的尊重，更是对将来可能形成的新的合作机制内容、程序的尊重。

"一带一路"法律合作机制是"一带一路"建设的重要方面，"一带一路"合作机制应当建立法律制度共享理念。在这种理念下，合作机制会体现出多元的和具有效力的法律制度，还会具有以下几方面特征：

（1）"一带一路"的区域内往往会通过不同类别的贸易协定，相互给予互惠互利待遇。关于区域内相互给予互惠互利待遇方面，往往首先考虑到的是"一带一路"的区域内各国、各地区经济发展的实际情况，并根据实际情况制定出具体的区域经济规则。对此早在关税与贸易总协定中，就有针对不发达国家或地区成员在贸易与发展方面的特殊规定，允许不发达国家或地区成员采取特殊措施，促进本国或本地区贸易发展；发达国家应优先考虑减少或消除对不发达国家或地区具有重大影响的出口产品的关税及其他贸易壁垒。同时，关税与贸易总协定也允许关税同盟和自由贸易区作为平等原则的例外，这实质上又成为区域贸易保护的手段，这一传统为世界贸易组织所确认，从而形成了现在这种特殊的局面，多边贸易体制和区域合作体制并存。"一带一路"的区域内贸易合作体制，也可以存在于上述这种不同的贸易体制或者其他贸易协定的合作制度关联之中。

（2）"一带一路"的区域内可以采取域内优惠联盟方式，从而形成"区域贸易协定"下的合作机制。对于区域贸易的发展，理论上有不同的预期与评价，但事实是，无论是区域经济联盟，还是区域经济一体化的迅速发展，都推动了新的法律制度的产生。最明显的是，出现约束本区域内的贸易活动与贸易体制关系的基本法律形式——区域贸易协定。

通常区域内可以采取域内优惠方式，大多数区域的贸易合作机制都可以采取域内优惠的联盟方式，目前这种模式对贸易自由化的正面作用或许占有主导地位，但这种发展模式与多边贸易体制的矛盾并没有消除，而非成员对其受到的差别待遇并没有强烈不满。所以应当承认，在"一带一路"贸易合作中，可能会存在某种相对独立的合作机制模式。

（3）"一带一路"的区域贸易开放应当作为相关地区合作的基本条件。如果将区域贸易开放作为区域贸易合作的基本条件，那么在区域贸易开放中，即使针对不平衡的多边贸易体制，各国也应当坚持在区域贸易环境中确立区域开放经济的基本制度原则。因此，"一带一路"贸易合作的基本条件，是建立一种非歧视的贸易开放机制；在这一环境中的法律制度合作也意味着相互尊重不同国家和地区的法律，并且建立法律制度共享机制，实现"一带一路"经济贸易合作中的法律保障。

（4）"一带一路"沿线国家和地区的区域内经济贸易措施是具有差异的，效力条件也有不同。实际上，不论是在多边贸易制度还是区域贸易制度中，任何法律形式的差别都会导致贸易竞争中市场地位的相对变化。由此为了经济发展利益，各国必然会对差别待遇制定不同的贸易政策，在这种情况下，构建合作机制确立合作措施也是不可或缺的。

（三）"一带一路"合作机制构建应遵循的原则

1. 建议树立"领导意识"和"责任意识"

在建设"一带一路"过程中，中国需要发挥领导作用和加强责任意识。

第一，"一带一路"是中国发起的国际合作倡议。地域跨度大，涉及情况复杂，不可能寄希望于其他国家或地区组织出面推动。

第二，中国对"一带一路"有自己的目标和期望，只有中国引领建设规划和进程，才能保证签署的各项成果清单的落实。

第三，作为世界第二大经济体的中国有能力承担起"一带一路"的建设耗费，也只有中国具有将"一带一路"沿线国家通过经济纽带联系在一起的实力。因此，中国需要在"一带一路"的建设过程中，主动推动实施已签署的建设清单。

第四，在构建合作机制谋划中，中国自当肩负起主动发起和谋划合作机制的责任。

2. 建议妥善处理国家政治与经济关系

改革开放以来，我国通过强劲的经济发展，有力地带动了周边国家和地区的发展，因而在处理与周边国家关系时，往往通过密切经贸关系就可以促进政治外交的稳定和发展。但是随着我国国际地位的提升，中国在周边国家中的经济影响力与政治外交影响力出现不太一致的现象。有些国家虽然希望与中国保持密切的经贸合作，但在总体外交政策的制定中，更愿意实现与中美两个大国之间关系的战略平衡。

中国在"一带一路"建设中，需要妥善处理政治关系和经济合作的关系。首先，要适当优先考虑政治关系，只有在理顺政治关系的基础上，经济合作才能有效地推进。例如，一个把中国视为安全威胁的国家就不太可能积极地参与"一带一路"的互联互通建设。其次，要尽量避免通过经济关系达到政治目的。在"一带一路"建设过程中，可能出现一些国家在经济上对中国依赖程度比较高的情况。中国不应借助经济优势表达出政治上的强势，否则将会影响"一带一路"建设的落实，甚至导致一些国家因为政治关系上的敏感而对"一带一路"建设持慎重态度。

3. 表达参与国家从倡议到建设的共同意愿

首先，"一带一路"建设需要有一个能够凝聚各方共识的主流思想，包括如何处理国家之间经济关系的原则、协调政治关系与经济合作的原则，以及争端解决机制的确立。

其次，"一带一路"建设涉及沿线各国责任与权利的相互平衡与制约。合作机制的构建不仅能够保证各国在"一带一路"倡议中实现各自的抱负和利益，而且是满足"一带一路"沿线国家维护本身权益的需要。

再次，"一带一路"倡议和建设的目的是合力引导好经济全球化健康发展，促进国际分工体系和全球价值链的优化重塑，推动全球经济治理，反映世界经济格局现实，确保实现沿线国家权利共享、责任共担的意愿。

4. 借鉴已有国际规则进行构建

"一带一路"倡议的目标是促进经济要素有序自由流动、资源高效配置和市场深度融合，推动沿线国家和地区实现经济政策协调，开展更大范围、更高水平、更深层次的区域与合作，共同打造开放、包容、均衡、普惠的区域经济合作框架。"一带一路"建设过程中，应拓展经济全球化正面效应，去除其弊病。

因此，"一带一路"合作机制的构建需要重视国际规则上的传承。第一，不能隔断已有的国际经贸规则，另起炉灶。另起炉灶既不现实，付出的成本我们也承受不起。第二，不能背离已有的国际经贸规则。"一带一路"沿线国家都不同程度地参与了国际性的、区域性的众多条约。"有约必守"，是国际社会必须遵循的原则。第三，在"一带一路"建设合作中，大经贸合作是建设的基础和主要方面，要把行之有效的国际经贸规则放在借鉴首位。

五、"一带一路"合作机制建设的路径和模式选择

(一)"一带一路"合作机制建设中的路径

以创新推进合作机制互联互通，是"一带一路"合作机制建设中的路径。制度创新是推进机制化整合的"催化剂"。推进制度性互联互通涉及复杂的利益问题、权力问题以及深刻的社会文化因素，非朝夕可以实现。在推进制度性互联互通时，要着眼于长远目标，采取由易到难、循序渐进的方针，通过多种有效的方式，逐步推进"一带一路"沿线国家之间的双边或多边制度互联互通，为推动彼此合作扫清制度障碍，创造合作动力。具体来说，建议以下三条路径。

一是包容式互联互通。作为一个包容性的开放平台，"一带一路"制度性互联互通可以在不否定沿线国家之间旧的制度基础上，通过设立自由贸易区、经济开发区、跨境合作区等多种形式，建立一些实行新制度的"制度特区"，通过增量改革带动存量改革，在探索新管理制度的过程中，不断积累信任，比较优劣，通过新制度包容旧制度的办法来实现制度性互联互通。其实，划设若干实行新制度的制度特区，也是原有制度体系对新制度的包容，此种包容不是采取"鸵鸟"态度，而是存在着制度竞争，如

果新制度体系在实践中证明其充满活力和竞争力，老制度就会逐渐丧失其影响力，逐渐为新制度所替代。

二是嵌入式互联互通。嵌入式互联互通更强调在现有的老制度体系内嵌入新的功能系统，即所有的制度框架、具体规范和管理人员都不做任何变化，不改变现有制度的基础，而是在现有制度体系内嵌入一种新的制度功能，尝试采取"旧瓶装新酒"的办法，在一些新增的问题上设置新制度。表面上看，随着"一带一路"的贯通，原有制度规定没有发生任何变化，但原有制度体系被赋予了一种新的功能，使得老树发新芽，利用原有的制度体系便可履行新制度功能。

三是转化式互联互通。相比包容性互联互通和嵌入式互联互通，转化式互联互通更具有创新性。此种做法就是要求将原有的制度转化到新制度体系之中，将旧有制度体系的框架彻底抛弃，而保留一部分习以为常的具体制度，将老制度转化到新制度体系中，成为新制度体系中的重要组成部分。从制度变迁的稳定性而言，革故鼎新固然可以带来制度性飞跃，但往往会造成社会经济震动大，溢出效应过大等问题，可能会造成严重的社会政治后果。因此，这一路径将一些仍然具有生命力或者有着根深蒂固传统的制度成分进行保留，转化为新制度体系中的特殊安排，以此来实现宏观治理框架的革故鼎新，而保留微观制度规定的延续。

总之，正因为制度创新蕴含着诸多优势，"一带一路"完全可以以制度创新为抓手，走一条制度驱动和创新驱动的发展新路。更重要的是，应该挖掘"一带一路"沿线国家和地区社会文化和文明深处的智慧，缔造比现有欧美主导的地区制度更具活力、更具竞争力的合作机制，努力推进国家治理体系、区域治理体系和全球治理体系的创新发展，充分焕发数千年"丝路文明"的活力和潜力，从而找到一条互尊互信、合作共赢、文明互鉴之路。

（二）构建"一带一路"合作机制的模式选择

构建"一带一路"合作机制的模式，是需要讨论的基本或关键的问题之一。在不同国家和地区发展过程中，法律制度问题的多样性必然影响到合作机制形式的多样性。而且在世界范围中，所谓经济治理或政治协商的方式也是多元化的，不同问题也可以通过不同的法律形式、法律措施解决。例如，国际贸易问题的解决，通常可以依据 WTO 框架，也可以依据区域的解决方案，诸如区域全面经济伙伴关系（RECP）或其他的自由贸易区的内容和形式。

如果把"一带一路"沿线国家看成一个整体，"一带一路"合作机制建设有三种模式可选择：第一种是沿线国家自愿参与的松散的模式或浅层次融合的合作机制建设模式，这种模式下，"一带一路"国家和地区可以保持本国法律的基本制度特色。第二种是以不同区域贸易协定，如上海合作组织（SCO）或区域全面经济伙伴关系协定（RCEP）为融合平台的合作机制建设，这种模式下，各国可以协调既有的合作内容。第三种创制全面与进步跨太平洋伙伴关系协定（CPTPP）或同意加入世界贸易组织的模式的合作机制建设，采用这种模式是要建立专门的合作框架。

1. 自愿参与的浅层次融合的松散的制度建设模式

一是构建双边为主、多边为辅的政府间交流机制，注重充分发挥现有的联委会、混委会、协委会、指导委员会等双边机制的作用，有组织地与沿线国家相关部门对接，协调推动合作项目实施，建立"共享收益，共担风险"的治理新机制。

二是对合作意愿较强的国家，可共同成立"一带一路"建设合作规划编制小组，签署双边合作备忘录或协议，确定双方合作的领域、项目、投资主体等内容，尽早建设一批取得积极成效的合作典型项目，并对其他沿线国家产生示范效应。

三是支持和鼓励"一带一路"沿线国家相互开放，构建双边为主、多边为辅的政府间交流机制，推动"一带一路"与其他多边组织、重要的区域和次区域组织继续就亚欧互联互通加强合作，同时加快规则的制定和对接，并尽早参与到未来国际经贸投资新规则的制定之中。

2. 中度融合的制度建设：以区域全面经济伙伴关系协定和上海合作组织为平台的深度融合的制度建设

目前"一带一路"沿线国家之间存在区域性的国际组织和复杂的自贸协定网络。就中国参与其中的区域组织和自贸协定而言，就有上海合作组织（SCO）、中国与东盟自贸区（CAFTA），中国与新加坡自贸协定（CSFTA）、中国与韩国的自贸协定（CKFTA）；中国还在参加谈判的自贸协定还包括与日韩谈判的中日韩自贸协定（FTA），与东盟各国、日、韩、澳、新谈判的区域全面经济伙伴关系协定（RCEP）。除此之外，沿线国家之间的现行碎片的次制度的互联互通模式，除了大量的双边协调合作机制外，还建立了亚太经合组织（APEC）、亚欧会议（ASEM）、亚洲合作对话（ACD）、亚信会议（CICA）、中阿合作论坛（CACF）、中国–海合会（GCC）战略对话、大湄公河次区域（GMS）经济合作、中亚区域经济合作（CAREC）等众多多边合作机制，在沿线国家已经形成了相互交错的碎片化的机制化网络。

如何依托"一带一路"的构想，通过制度创新，推进现有双边、多边以及次区域、次国家层次的众多机制实现互联互通，也是"一带一路"努力的重点方向。应在中度融合的合作机制建设模式下，选择参与国家较多的自贸协定并将其扩展到其他沿线国家或地区。这里首当其冲的是区域全面经济伙伴关系协定（RCEP）和上海合作组织（SCO）。

3. 世界贸易组织（WTO）或超大型区域自贸协定的模式

WTO 是多边贸易制度的最重要内容，要求所有成员国家或地区遵守其管辖之下所有多边贸易协定。由于 WTO 协定规定成员方必须使国内法律制度与其相符，因此实际上在 164 个国家之间实行了贸易法律制度的统一。目前有部分"一带一路"沿线国家尚不是 WTO 成员国，如果将鼓励加入WTO 作为参与"一带一路"建设的前提的话，WTO 的制度框架完全可以承担起"一带一路"合作机制的使命和任务。

除此之外，可在"一带一路"沿线所有国家或地区之间创制一个全新的大型自贸协定，该自贸协定也可承担起"一带一路"的合作机制。以全面与进步跨太平洋伙伴关系协定（CPTPP）为例，该协定与一般自由贸易协定不同，它是一个高水平广范围的超大型自由贸易协定，号称 21 世纪的新一代区域贸易协定。它不仅包括传统的货物贸易领域，还有更强的知识产权保护、投资、劳动力和环境标准，非关税壁垒水平问题的处理（监管的连贯性、中小企业、供应链条等），国有企业的有约束力的义务等。比全球多边贸易协定 WTO 相关协定的范围都要广泛，在自由化及规范严格程度等方面都提出了更高的标准和要求。

我们的模式选择可以采取三管齐下的策略。第一，我们需要与"一带一路"沿线国家签订双边协议。此种协议可以是适用于全部贸易投资的经贸协议，也可以是仅适用于某个投资项目的单独协议。签订双边协议的优势在于成本较低，完成难度较低，只需要双边谈判即可。尤其是对于每一个项目投资的协议需要约定好适用的法律规范和争议解决机制，有效降低风险，管控我国对外投资的损失。第二，在现有区域贸易协定的基础上，我们需要争取将已有的适用于部分国家的区域规则扩大到所有的"一带一路"沿线国家，并且在此基础上进一步协商谈判新的规则。这样做的目的就是创造一个更加良好的区域化的营商环境，同时也有助于增强我国在区域内的影响力。当然，此种策略也会遇到很多谈判上的实际问题，尤其是此类多边协议需要考虑各方意志，难度较于双边协议要高很多。但是，此时也是体现我国大国地位的绝佳时刻。如果能通过施展我国的影响力促成其他国家之间的合作，对于我国的国际地位的提升非常有利。第三，进一步扩大区域规则的全球化适用。这是最难的策略，因为这不仅涉及"一带一路"沿线国家，更有其他非参与国。"一带一路"沿线国家或许还有增加投资、促进经济增长的共同目标，但其他国家的根本利益与沿线国家可能会不一致。我们需要在考虑本国实际情况的基础上尽量向全球化的国际规则靠拢，主动提出与我国国际经济地位相匹配的国际规则。

六、"一带一路" 合作机制建设的障碍及其突破点

（一）主导国家的领导力

"一带一路"沿线国家发展水平参差不齐、利益诉求各异、国家间关系错综复杂，目前区域整体发展水平和市场规模较低，高水平经济一体化建设明显滞后。与欧盟（EL）、北美自由贸易协定（NAFTA），以及东盟（ASEAN）等在区域一体化方面取得实质性进展的地区相比，"一带一路"相关国家面向区域内国家的出口和进口在全部对外贸易中的比重比较低，过度依赖于外部市场。要建立这样一个国际化合作机制，需要主导国家的领导力，尤其是照顾到各方的利益与关切的能力。

领导力包括一个国家以关系或道义动员他国的能力，然而，领导力主要不是动员其他国家支持与参与的能力，更不是忽悠的能力或胁迫的能

力，领导力也不主要指技术意义上的制定规则的能力，领导力主要是照顾到各方的利益与关切的能力（与实力），以己之有换己之需的能力。

以跨太平洋伙伴关系协定（TPP）为例，从 2003 年三个国家（新加坡、新西兰和智利）之间的经济伙伴关系到涉及遍布太平洋两岸的 12 个成员国，国内生产总值规模占全球近四成的跨区域自贸区。为何同样的理念，此前响应者寥寥，而美国入主之后自贸区自身的体量越来越大？还有，美国在最终的跨太平洋伙伴关系协定中包含了投资、服务、电子商务、政府采购、知识产权、国有企业、劳工、环境等诸多内容，其中有很多如劳工、环境等是别的国家不甚感兴趣或易引起争议的内容，为什么这些国家还会响应？这可以从两个层面分析：

1. 大国势力的视角

跨太平洋伙伴关系协定（TPP）不是一个单纯的经济贸易机制，它的形成还包含了政治安全与美国的全球战略，即其中所谓的重返亚洲的区域战略的地区安全考虑。[1] 鉴于"跨"区域一体化[2]国际协定谈判中导致的大国强势地位，也即协定规则的谈判主导地位，如果小国想要得到经济利益，或者满足政治安全需求，它们对于美国这样的大国的依赖程度与美国对其经济的依赖程度是不成比例的，因此对于大国的要求往往是难以拒绝的。

2. 价值链的视角

根据价值链理论，贸易专家 Richard Baldwin 通过观察各国出口中来自世界其他国家的增加值占比这一指标并提出[3]：来自哪个国家的增加值占比越高，也就意味着这个国家相对于本国的贸易关系更加重要，进而和这

---

① 参见余楠：《当前国内 TPP 研究述评》，《上海海关学院学报》2012 年第 3 期。

② 跨区域实际上就是一种人为的政治战略的区域整合，区别于传统的自然形成的相邻地理区域融合，从理论上来说可以在地理上任意组合，只要存在政治意愿。

③ Richard Baldwin, Anthony Venables, Relocating The Value Chain: Offshoring and Agglomeration IN The Global Economy, Nber Working Paper 16611, http: //www. nber. org/papers/w16611.

个国家开展自贸区谈判就更加重要。不管是欧盟还是中国和日本，它们相互之间的贸易关系，都不及它们各自与美国之间的贸易关系重要，它们都对美国市场依赖最大；大国都如此，更遑论小国和小经济体了。因为美国本身是一个独特的经济体，其经济对出口对他国市场的依赖不大，相反却可以成为他国劳动力密集型产品的市场。事实上，据世界贸易组织的统计，美国一直是全球最大的进口国。其他国家为了得到美国的市场准入，就不得不听从美国的安排，并在美国感兴趣的方面做出让步。这就解释了美国在 TPP 谈判中占有主导地位的原因。

"一带一路"区域周边各国政治制度、意识形态、发展水平差异很大，历史包袱较重，缺乏政治互信和共同价值观，合作共赢理念较弱，致使区域内一体化较难有效推进，"碎片化"和"逆一体化"问题不可小觑。对中国而言，"一带一路"是一次前所未有的战略创新，但也对中国的领导力提出了前所未有的挑战。目前看来，中国强大的内部市场对其他国家是非常具有吸引力的。尤其是新冠疫情之后，中国的快速复苏也证实了中国经济的强韧性和对世界经济极重要的带动作用。从价值链的视角来看，中国在国际经贸谈判中的话语权与日俱增。但是，考虑到经济以外的因素，包括军事安全、区域战略乃至意识形态等，中国的大国地位均面临着严峻的挑战。在"一带一路"沿线国家和地区，中国能否在经济吸引力之外实现发展目标也是现阶段需要思考和解决的问题。

（二）碎片化的制度

目前，在"一带一路"沿线国家和地区中的主要问题并不是缺乏合作机制，而是合作机制过多，甚至出现"制度过剩"的问题。除了大量的双边协调合作机制外，还建立了上海合作组织（SCO）、中国—东盟"10+

1"、亚太经合组织（APEC）、亚欧会议（ASEM）、亚洲合作对话（ACD）、亚信会议（CICA）、中阿合作论坛（ACF）、中国—海合会（GCC）战略对话、大湄公河次区域（GMS）经济合作、中亚区域经济合作（CAREC）等众多多边合作机制，在沿线国家已经形成了密密麻麻的机制化网络。

在这种背景下，必须推动现有不同机制之间的相互包容，尤其是在不同机制之间搭建沟通和衔接的平台，防止不同机制之间彼此冲撞，造成更加严重的政治后果；特别是要注重老机制与新机制的协调问题，由于机制性互容本身涉及复杂的利益和权力因素，需要谨慎对待，采取循序渐进的方式推进体制机制相互适应，推动建立区域经济合作架构和一系列合作机制，为"一带一路"沿线国家的深度合作创造条件，最终构筑面向亚欧乃至全球的开放型经贸新体系。

（三）外来的掣肘

"一带一路"建设的推进很可能引发大国之间新的"秩序之争""格局之争"，尤其是"一带一路"建设将深入多个区域安全高风险地带。一方面中国提议的"一带一路"被美国认为是对其"战略东扩"的反制，美国的掣肘可以预期。另一方面"一带一路"穿越俄罗斯传统的势力范围，俄罗斯也有自己的打算，难于预期其配合。因此在"一带一路"合作机制建设中，不妨从敏感度较低的便利化开始着手，在着力推进合作机制建设的同时，应寻求让其他国家早日达成区域全面经济伙伴关系（RCEP），考虑加入全面与进步跨太平洋伙伴关系协定（CPTPP）的目标，加强中国与有关国家的经贸合作，以化解有关方面的猜忌。

七、结束语

大国的发展一定会在所处的时代留下痕迹，"一带一路"和本地区经济的整合就是这一逻辑的现实展开。以中国经济的体量和影响力而论，"一带一路"倡议必将重新勾画世界政治经济地图，"一带一路"的启动，犹如拉开了新的历史大幕，古老的丝绸之路承载着过去千年的丝路精神，承载着中华文明的古老梦想，承载着人类对未来命运共同体的理想和期待，延伸至今。虽然存在困难风险，但这一倡议如能很好实施，将彰显中国大国风范，并有望推进中外共同发展、改善国际治理结构。作为一个有着数千年人类文明历史的大国，中华文明必将因作为连接历史和未来的桥梁及纽带受到世界的尊重，而她自身也将在这种世纪努力中实现凤凰涅槃般的重生，为人类做出更大的贡献。

"一带一路"建设，从根本上取决于"一带一路"对沿线国家和地区的吸引力，取决于我国塑造、制定、实施国际合作机制的能力。而"一带一路"合作机制建设能否有成效，很大程度上取决于沿线国家和地区的制度是否实现了创新，只有依靠制度创新，释放制度红利，才能真正给"一带一路"安上强大的"发动机"，带动"一带一路"强劲延伸。因此，"一带一路"建设的顺利推进，必须立足于创新理念和创新规则，构建跨区域的协调机制，做实做细政府间合作，制订研究双边或多边的可接纳、互动互补、操作性强的"一带一路"具体方案，加快完善"一带一路"的制度保障。

第二章
"一带一路"国际贸易合作机制构建路径

一、作为贸易畅通必要条件的"一带一路"贸易合作机制

经济贸易合作是"一带一路"建设的重要内容。习近平主席在第一届"一带一路"国际合作高峰论坛上指出，中国将积极同"一带一路"建设参与国发展互利共赢的经贸伙伴关系，促进同各相关国家贸易和投资便利化，建设"一带一路"自由贸易网络，助力地区和世界经济增长。

"一带一路"需要中国与沿线国家分享优质产能，共商项目投资、共建基础设施、共享合作成果，这是构建"一带一路"合作机制的前提。由于投资贸易合作是"一带一路"建设的重点内容，"一带一路"建设特别呼唤贸易合作机制建设。就目前而言，"一带一路"倡议的相关机制的最主要文件是中国提出的《推动共建丝绸之路经济带和21世纪海上丝绸之路的愿景与行动》（以下简称《愿景与行动》），沿线国家不但对贸易合作机制框架尚无愿景，对合作机制的需求也无共识，更遑论对贸易合作机制的内容达成共识了，而建立这样的合作机制的时间表更是无从谈起。

贸易合作机制是"一带一路"整体架构的重要内容，更是"一带一路"发展的保障。如果"一带一路"是一个区域经济合作安排，那它应该像任何一个区域经济合作计划一样，是一套规则化的合作机制，对沿线国

家而言，它是承诺，甚至是规则。

事实上，党的十九大报告指出，中国是多边主义的坚定维护者，始终维护以规则为基础、以世界贸易组织（WTO）为核心的多边贸易体制。在WTO陷入危机后，为了确保WTO继续发挥国际公共产品提供者的作用，中国按照自己的国家利益和各种考量因素提出了本国关于WTO的改革方案，① 体现了作为贸易大国的国际责任感。另一方面，早在2016年3月17日公布的《“十三五”规划纲要》② 中就明确要求推进“一带一路”建设，并加快实施自贸区战略，逐步构筑高标准自由贸易区网络。积极同“一带一路”沿线国家和地区商建自由贸易区，加快推进区域全面经济伙伴关系协定（RCEP）、中国——海合会、中日韩自贸区等谈判，推动与以色列、加拿大、欧亚经济联盟和欧盟等建立自贸协定关系以及亚太自贸区（FTAAP）相关工作。全面落实中韩、中澳等自由贸易协定和中国——东盟自贸区升级议定书，继续推进中美、中欧投资协定谈判。可见国家的战略是“一带一路”建设与维护以WTO为核心的多边贸易体制和推进自贸区谈判并举，以WTO与自贸区建设配合服务“一带一路”建设。

综上，从塑造国际法规则的布局和国家的战略来看，“一带一路”的制度建设应着眼于自贸区建设，而非局限于眼下的制度互联互通。从国际法的角度来看，“一带一路”的制度建设，是一个从区域主义迈向全球多边主义的步骤。

---

① 详见中国于2018年11月发布《中国关于世贸组织改革的立场文件》和2019年5月11日颁布的《中国关于世贸组织改革的建议文件》。

② 《“十三五”规划纲要》，见 http://sh.xinhuanet.com/2016-03/18/c_135200400.htm。

二、WTO 在"一带一路"贸易合作机制构建中可发挥的作用

(一) WTO 规则可作为"一带一路"贸易合作机制构建的基础

依照"一带一路"共商共建共享的原则，在推进"一带一路"建设中，所有参与国家在法律上一律平等，有权充分地和切实有效地参加"一带一路"建设中所有问题的决策，公平分享由此带来的各种利益。从理想化视角来看，"一带一路"建设所需要的国际贸易合作机制应该具备以下几个要素：

第一，保证有序地促进生产要素自由流动的经贸法律规范体系；

第二，有利于经济深度融合的广义经贸法律规范体系，其内容包括货物、服务、知识产权保护和投资的法律规范体系；

第三，怀有开放、包容、均衡和普惠的目标追求；

第四，能够进行国际合作和全球治理的机制结构和运作方式。

1995 年建立的世界贸易组织（WTO）的法律体系恰恰符合"一带一路"建设所需要的国际贸易合作机制的特性。2017 年 5 月 16 日《"一带一路"国际合作高峰论坛圆桌峰会联合公报》中强调："我们将努力促进以世界贸易组织为核心、普遍、以规则为基础、开放、非歧视、公平的多边贸易体制。"WTO 的规则体系，虽然并不是完美无缺的，但尚无其他国际法律体系能够像 WTO 法律体系一样可以代表着绝大多数国家实现贸易自由、贸易融合的共同意愿，因此以 WTO 规则为基础的"一带一路"贸易合作机制的构建必然能事半功倍。

（二）"一带一路"目标与 WTO 的宗旨高度吻合

《愿景与行动》指出："'一带一路'旨在促进经济要素有序自由流动、资源高效配置和市场深度融合，推动沿线各国实现经济政策协调，开展更大范围、更高水平、更深层次的区域与合作，共同打造开放、包容、均衡、普惠的区域经济合作框架。共建'一带一路'符合国际社会的根本利益，彰显人类社会共同理想和美好追求，是国际合作以及全球治理新模式的积极探索，将为世界和平发展增添新的正能量。"其共建原则包括：坚持开放合作，坚持和谐包容，坚持市场运作，坚持互利共赢。

《建立世界贸易组织协定》确定的宗旨是，成员方"承认其贸易和经济关系的发展，应旨在提高生活水平，保证充分就业和大幅度稳步提高实际收入和有效需求，扩大货物与服务的生产和贸易，为持续发展之目的扩大对世界资源的充分利用，保护和维护环境，并以符合不同经济发展水平下各自需要的方式，加强采取各种相应的措施；进一步承认有必要作出积极的努力，以确保发展中国家，尤其是最不发达国家，在国际贸易增长中获得与其经济发展相应的份额；期望通过达成互惠互利的安排，切实降低关税和其他贸易壁垒，在国际贸易关系中消除歧视待遇，为实现上述目标作出贡献；从而决心建立一个完整的、更有活力的和持久的多边贸易体系，以包括关税与贸易总协定、以往贸易自由化努力的成果和乌拉圭回合多边贸易谈判的所有成果；决心保持该多边贸易体制的基本原则和加强该体制的目标"。

"一带一路"沿线国家基本都是 WTO 成员方。中国又是 WTO 的核心成员方。"一带一路"的愿景与 WTO 的宗旨交汇重合，为中国与沿线国家形成合作机制的共识奠定了基础。WTO建立后，成员方通过履行WTO规则，促进了国内经济的转型和国内法规的改革，市场准入得到显著改进，市场经济体制有长足进步，政府的管理行为符合WTO非歧视、法治和透明度的核心原则。WTO协定实施效果为"一带一路"沿线国家加强政府间沟通，积极构建多层次政府间宏观政策沟通交流机制，深化利益融合，促进政治互信，达成合作新共识，就经济发展战略和对策进行充分交流对接，共同制定推进区域合作的规划和措施，协商解决合作中的问题，提供了以规则为基础的政策沟通途径。

（三）贸易畅通规则架构与WTO协定密切相关

1. "一带一路"贸易畅通对合作机制的期许

《愿景与行动》中对"贸易畅通"的要求可视为"一带一路"贸易畅通对合作机制的期许：

沿线国家宜加强信息互换、监管互认、执法互助的海关合作，以及检验检疫、认证认可、标准计量、统计信息等方面的双多边合作，推动世界贸易组织《贸易便利化协定》的生效和实施。改善边境口岸通关设施条件，加快边境口岸"单一窗口"建设，降低通关成本，提升通关能力。加强供应链安全与便利化合作，推进跨境监管程序协调，推动检验检疫证书国际互联网核查，开展"经认证的经营者"（AEO）互认。降低非关税壁垒，共同提高技术性贸易措施透明度，提高贸易自由化便利化水平。

拓宽贸易领域，优化贸易结构，挖掘贸易新增长点，促进贸易平衡。

创新贸易方式，发展跨境电子商务等新的商业业态。建立健全服务贸易促进体系，巩固和扩大传统贸易，大力发展现代服务贸易。把投资和贸易有机结合起来，以投资带动贸易发展。

2. WTO 协定为"一带一路"贸易畅通提供了成型的多边合作机制

WTO 负责实施管理的货物、服务、与贸易有关的投资措施协定与协议将近 30 个，为"一带一路"贸易畅通提供了整体规则的框架。第一，WTO 协定确立的原则为"一带一路"沿线国家贸易畅通提供了基本原则。这些原则包括：非歧视、贸易自由化、允许正当保护、稳定贸易发展公平竞争、鼓励发展和经济改革、允许地区性贸易安排、例外与免责和政策措施透明。第二，1994 年《关贸总协定》有关区域贸易安排为"一带一路"沿线国家建立自由贸易区提供了法规基础。《关贸总协定》第 24 条款规定，边境贸易和区域自由贸易区安排可以执行与 WTO 无条件最惠国待遇原则不一样的例外条款，但区域贸易协定不能对非成员歧视，并向 WTO 备案，接受审查，以便对区域内货物、服务贸易等给予更加优惠的条件，投资和知识产权获得更高水平的保护。该规定有利于中国与"一带一路"沿线国家商建自由贸易区，加大地方的开放态势。第三，《服务贸易总协定》涵盖 166 个服务部门的自由化规则，为"一带一路"沿线国家之间的服务贸易提供了开放的指向。第四，《与贸易有关的知识产权协定》涵盖与贸易有关的七大知识产权保护规则。"一带一路"知识产权战略需要致力于探索区域内知识产权保护合作的新方式和新机制，从而推动"一带一路"沿线国家区域经济交往和创新力的提升。第五，《贸易便利化协定》涵盖改善边境口岸通关设施条件，加快边境口岸"单一窗口"建设，降低通关成本，提升通关能力，加强供应链安全与便利化合作，推进跨境监察。《实施卫生与植物卫生措施协议》和《技术性贸易壁垒协议》涉及检验检疫、认证认知、标准计量的规则，为"一带一路"沿线国家基础设施标准体系的互联互通、理顺动植物卫生检疫措施和程序提供了指南。第六，《海关估价协议》《装运前检验协议》《原产地规则协议》和《进口许可程序协议》涉及通关能力规则的建立，为"一带一路"沿线国家的贸易便利化提供了指针。第七，《服务贸易总协定》和《与贸易有关的投资措施协议》涉及投资与贸易结合规则，为"一带一路"沿线国家与贸易有关的投资规则合作机制提供了基本的参照。第八，《反倾销协议》《补贴与反补贴措施协议》和《保障措施协议》为"一带一路"沿线国家生产要素的有序流动和针对贸易保护主义的救济提供了可供参照的依据。第九，WTO有关国营贸易和政府采购的规定为"一带一路"沿线国家的国有企业活动和政府采购活动提供了参照。

（四）WTO争端解决机制为"一带一路"沿线国家之间的贸易争端提供成型的解决途径

在"一带一路"建设中，各参与国家因责任权利平衡的考量，在合作共建的同时，可能会出现各种争端，处理不好将会影响建设的落实和矛盾的加重，为此，需要建立争端解决机制。而被称为WTO"皇冠上的明珠"的争端解决机制可为"一带一路"沿线国家的贸易争端提供成型的解决途径。

但是需要注意的是，由于部分"一带一路"沿线国家还不是WTO成员方，WTO的争端解决机制并不适用于这些国家。此外，目前WTO争端解决机制遇到了困境。由于美国的阻挠，原本应由7人组成的WTO争端解决上诉机构目前实际上只有1名在任成员，使得WTO的争端解决机制陷入停摆。不过，包括中国在内的多个世贸组织成员联合发布声明，决定在上诉机构停摆期组成"多方临时上诉仲裁安排"（MPIA）以审理各参加方提起的上诉争端案件。但该临时上诉安排能否被其他"一带一路"沿线国家接受仍存在不确定性。

三、"一带一路"沿线国家的自贸区建设

在"一带一路"沿线的核心地区即亚太地区，曾有三个自贸区概念，即亚太自由贸易区（FTAAP）、跨太平洋伙伴关系协定（TPP）和区域全面经济伙伴关系协定（RCEP）。三个自贸区概念代表三种亚太自贸区建设的路径。

（一）亚太自由贸易区（FTAAP）

建设 FTAAP 的愿景由加拿大智库提议并由美国在 2006 年亚太经济合作组织（APEC）越南河内会议上正式提出。[①] 美国希望建立一个高标准的自贸区，但这并没有得到包括中国在内的众多亚太国家的响应和支持。然而，在 2014 年 APEC 北京会议上，中国拾起差不多被遗忘的 FTAAP 并借东道主力量大力推动。[②] 这是因为当美国接过 TPP 谈判主导者的角色后，FTAAP 就成了中国反击美国主导的亚太经济新机制的理想工具：FTAAP 向 APEC 所有成员开放，与排他性意图明显的 TPP 相比，具有道义上的优势；APEC 属于现成的机制，改造成本低；美国与澳大利亚都曾经主张建立 FTAAP，现在不便于反对；自贸区标准远远低于 TPP，成员国容易达到要求；成员数量相对少，容易达成共识；如果能建成 FTAAP，中国构建区

---

① 2004 年 11 月在 APEC 第 12 次峰会（圣地亚哥会议）召开之前，APEC 工商咨询理事会（ABAC）根据加拿大代表的提议，提交了一份报告，题目为《亚太自由贸易区方案的初步评估：为 ABAC 准备的一份文件》，建议从 2007 年开始，建立由 APEC 现有 21 个成员组成的亚太自由贸易区（FTAAP）。2006 年 11 月在河内举行 APEC 第 14 次峰会期间，美国布什总统呼吁加大对 FTAAP 的宣传和研究，早日就 FTAAP 的一些细则和定义达成最广泛的共识，并呼吁各方郑重考虑成立 FTAAP。

② APEC 2014-APEC ministers adopt FTAAP roadmap, CNC News, November 9, 2016, available at http: //en. cncnews. cn/news/v_show/44665_APEC_2014-APEC_ministers_adopt_FTAAP_roadmap. shtml.

域经济机制的范围将突破周边国家，为未来构建全球性经济机制提供经验；如果因为美国的反对而失败，中国也并没有太大的损失。

在中国的推动下，在北京会议上，APEC 成员就《亚太经合组织推动实现亚太自贸区北京路线图》达成共识，同意启动 FTAAP 有关问题的集体战略研究，全面系统地推进亚太自贸区进程，为最终实现亚太自贸区创造有利条件。

2016 年在 APEC 秘鲁利马会议上，审议通过了 FTAAP 集体战略研究报告。报告评估了 FTAAP 潜在的经济影响和社会效益，盘点了实现 FTAAP 的各种可能路径，找出了贸易投资壁垒，并进一步明确了把实现 FTAAP 作为下一阶段亚太区域经济一体化的主要目标。在全球经济疲弱复苏、贸易保护主义和反全球化情绪有所抬头的背景下，APEC 第二十四次领导人非正式会议上，APEC 中的 21 个经济体重申将致力于最终实现 FTAAP，并将其作为进一步深化 APEC 地区经济融合议程的主要工具。中国作为世界第二大经济体、亚太区经济大国，能够非常明确呼吁、坚定不移地引领全球化进程，这有利于扭转"逆全球化"带来的不利影响，也给彷徨的世界经济明确了全球化的方向。

启动并达成 FTAAP 谈判方案最大的好处是可包含 APEC 全部的经济体。但也恰恰是这一点，给达成共识增加了难度，影响了开启 FTAAP 的不确定性。美国作为 FTAAP 的始作俑者，在 2009 年加入当时的 TPP 谈判就意味着它放弃了 FTAAP，现在它对重启 FTAAP 的态度是不清晰的。特朗普总统似乎对一切多边贸易协定的谈判都持怀疑态度。而且，即便美国最终同意重启 FTAAP 谈判，也一定希望它是高标准的。

（二）跨太平洋伙伴关系协定（TPP）与全面与进步跨太平洋伙伴关系协定（CPTPP）

TPP 最初是由亚太经济合作组织成员国中的新西兰、新加坡、智利和文莱四国发起，从 2002 年开始酝酿的一组多边关系的自由贸易协定。2009年 11 月 14 日，奥巴马宣布美国将参与 TPP 谈判，强调这将促进美国的就业和经济繁荣，为设定 21 世纪贸易协定标准做出重要贡献。此后，澳大利亚、越南、马来西亚以及秘鲁、墨西哥、加拿大、日本先后加入谈判。2015 年 9 月 30 日至 10 月 5 日，12 国最终达成基本协议，TPP 取得实质性进展。2016 年 2 月 4 日，TPP 在新西兰奥克兰正式签署。

TPP 是奥巴马"重返亚洲"战略的经济工具，目的是遏制中国在这个战略地区不断增加的影响力。奥巴马曾发表评论称，美国不允许中国等国家来书写全球经济的规则。[1] 然而，在新总统特朗普上任后，美国实施了"美国优先"的政策，并于 2017 年 1 月 23 日宣布退出 TPP。[2] 此后其他 11国经过两年努力终于达成了没有美国参与的改编版的 CPTPP。作为 TPP 替代的 CPTPP 则延续了 TPP 的高标准和新规则。

与以往自由贸易协定相比，CPTPP 具有以下两个鲜明的特点：

一是 CPTPP 内容的广度和深度超过以往任何自由贸易协定。从本质上看，CPTPP 仍属于一种 FTA 形式，但其框架协议中明确提出要树立为一个"21 世纪自由贸易协定的标杆、全球贸易合作的新标准"，因而其协议内容无论是广度还是深度，都明显超过以往任何一个亚太区自由贸易协定。从

---

[1]　Barack Obama, "Writing the Rules for 21st Century Trade." The White House Blog, 18 February 2015.

[2]　President Trump signed an executive order on January 23, 2017 to withdraw the US signature from the Trans-Pacific Partnership（TPP）.

广度上看，它体现了全覆盖的特点，既包括货物贸易、服务贸易等传统FTA 的条款，也包含知识产权、劳工、环境、临时入境、国有企业、政府采购、金融、能力构建等亚太区绝大多数 FTA 尚未涉及或较少涉及的条款。从深度上看，它体现了高标准的特点，目前虽未正式签署，但在关税减免、服务贸易、知识产权、劳工、环境、国有企业、政府采购等相关领域的最终标准都明显超出 FTA 的现有水平。在商品贸易领域，TPP 最终有望实现全部贸易商品零关税。在服务贸易领域，FTA 的条款一般仅允许准入后给予国民待遇；在市场准入方面，也仅在特定部门中给予外资企业超出国内规定的市场准入待遇。而 CPTPP 则采取"准入前国民待遇+最惠国待遇+例外条款"这一自由化程度较高的方式，即对所有服务部门均给予准入前国民待遇和最惠国待遇，仅对国防、金融、航空等少数特殊行业设置例外条款。在知识产权领域，多数 FTA 只是要求成员国遵守 WTO 的《与贸易相关的知识产权协定》（TRIPS 协定），而 CPTPP 对知识产权保护所提出的要求则明显高于 TRIPS 协定。此外，TPP 在劳工、环境、政府采购、国有企业等领域也提出高于 FTA 的标准或包含 FTA 所没有的内容。

二是 CPTPP 内容和标准更多体现了美国自由贸易理念及其战略利益诉求。从价值理念看，CPTPP 在知识产权、劳工和环境及服务贸易等方面设置的"高标准"，带有显著的美式自由贸易特点，其主要目的在于维护美国的经济利益和战略利益。首先，CPTPP 的知识产权章设定的保护标准高于 TRIPS 协定的标准。事实上，美国在技术创新和知识技术密集型产业方面具有明显优势，提高知识产权标准将有助于美国继续保持这方面的优势，并从技术贸易、技术转移和专利使用等方面获取更多的技术扩散收益。但对于发展中国家来说，将不利于以低成本获取先进技术。其次，CPTPP 中专门增设了劳工和环境条款，并将贸易与之相挂钩，实则增加了发展中国家的出口成本。CPTPP 实现统一原产地规则、全面零关税、服务贸易的全面国民待遇和最惠国待遇，将在区域内人为制造"洼地效应"，①形成价值洼地。

作为新一代多边经贸规则的实验性先例，CPTPP 为全球自由贸易所确立的高标准与新规则本身，仍具有相当程度的示范效应和积极意义。目前，中国也在考虑加入 CPTPP。而以中国的经济实力和市场规模，加入 CPTPP 后可取代美国成为领导国，巧借 CPTPP 之壳引领全球经贸规则的构建，为国有企业"走出去"参与全球竞争和海外投资，博弈出公平的国际法律环境，并以此促成多边规则新发展与深化国内改革之间的良性互动格局。

另外，加入 CPTPP 还有助于维护和扩大中国的贸易利益。相较于 WTO 协定与其他贸易协定，CPTPP 具有"全覆盖"和"高标准"的特点，它不仅为货物提供了全面的零关税准入，而且也取消了服务、投资、金融市场和政府采购等方面的限制。实际上，美国本意是利用 TPP 来支持其跨国公司开拓新兴国家市场，中国若能主导 CPTPP 并加以推广，这项功能亦可为我国所用。

中国加入 CPTPP 的选择对"一带一路"建设的弊端也很明显。第一，CPTPP 高标准带来的僵硬度，与"一带一路"沿线国家的不一的需求所需的灵活度不相匹配，目前的 CPTPP 很难成为"一带一路"的制度基础。第二，11 个 CPTPP 国家的 CPTPP 规则已到位，中国希望借助加入谈判而修改规则的愿望，很可能落空。第三，CPTPP 高标准的存在，使很多国家

---

① 所谓的"洼地效应"是指通过创造理想的经济和制度环境，使之对各类生产要素具有更强的吸引力，从而形成独特竞争优势，吸引外来资源向本地区汇聚、流动，弥补本地资源结构上的缺陷，促进本地区经济和社会的快速发展。简单地说，指一个区域与其他区域相比，通过营造更自由的制度环境，对各类生产要素具有更强的吸引力，从而形成独特竞争优势。

望而却步或在高门槛前止步；如果加入 CPTPP 成为最终选择，会影响到更多国家参与 "一带一路" 建设的意愿。

（三）区域全面经济伙伴关系协定（RCEP）

自从 2003 年开始，东南亚国家联盟先后与中国、印度、日本、韩国、澳大利亚与新西兰达成 5 个东盟+1 的自由贸易协定（FTA）。[①] 2011 年，时任东盟（ASEAN）主席国的印度尼西亚提出区域全面经济伙伴关系协定（RCEP）设想，并在当年的巴厘东盟首脑会议获得通过。[②] 2012 年 8 月，在柬埔寨召开的第 44 届东盟经济部长会议及相关会议上，10 个东盟国家和 6 个伙伴国的经济部长一致同意开启 RCEP 自由贸易协议谈判。[③] 参与 RCEP 谈判的国家包括东盟 10 国以及中国、澳大利亚、新西兰、印度、韩国、日本这 6 个与东盟签署自由贸易协定（FTA）的伙伴国。其目的之一是恢复东盟的凝聚力。[④] 美国没有与东盟国家签署 FTA，故没有参加谈判，但 RCEP 谈判并没有将美国和其他感兴趣的国家排除在外。东盟主导的 RCEP 也进一步整合五个自贸协定，如果东盟能够将现有的自贸协定包括其升级

---

① On 4 November 2002, the Framework Agreement on Comprehensive Economic Co-operation between the Association of Southeast Asian Nations and the People's Republic of China was signed in Phnom Penh, Cambodia. On 8 October 2003, the Framework Agreement on Comprehensive Economic Cooperation between the Republic of India and the Association of Southeast Asian Nations, and the Framework for Comprehensive Economic Partnership between the Association of Southeast Asian Nations and Japan were signed 8 October 2003 in Bali, Indonesia. On 13 December 2005, the Framework Agreement on Comprehensive Economic Cooperation among the Governments of the Member Countries of the Association of Southeast Asian Nations and the Republic of Korea, Kuala Lumpur. On 27 February 2007, the Agreement Establishing the ASEAN-Australia New Zealand Free Trade Area was signed in Cha-am, Thailand.

② ASEAN Framework for Regional Comprehensive Economic Partnership, adopted at the 19th ASEAN Summit, Bali, Indonesia, 17 November 2011.

③ Leaders' Joint Declaration on the Launch of Negotiations for the RCEP, Phnom Penh, Cambodia, 20 November 2012.

④ Wang Y, The RCEP Initiative and ASEAN 'Centrality', available at 〈http://www.ciis.org.cn/english/2013-12/06/content_6518129.htm〉.

版落实，那么 RCEP 谈判也是水到渠成的事。① 东盟主导的 RCEP 如果达成，将会形成一个人口约达 30 亿、GDP 总和约为 21 万亿美元的自贸安排。

RCEP 进程是由东盟作为核心来主导的。② 中国政府对达成促进区域自由贸易的任何协议都持"开放态度"，条件是协议不被"碎片化及政治化"。③ 长期以来，中方一直积极推动 RCEP 谈判。由于中国的积极推动，也由于 RCEP 未包括美国在内，该协定被称为中国版亚太自贸协定，或"中国主导的自由贸易协定"，并将其视作与 TPP 可竞争全球贸易主导权的协议。TPP 谈判落幕后，RCEP 的进展更加令人关注。④ 事实上，推动 RCEP 谈判一直是我国的目标。理由是：

第一，达成 RCEP 难度最小。与以修改 CPTPP 规则为目的之一加入 CPTPP 和谈判 FTAAP 相比，继续推进谈判并达成 RCEP 难度最小。RCEP 本是更具传统意义的贸易协定，包括削减关税，而非 TPP 所规定的开放经济体、制定劳工和环境标准。RCEP 设定的标准考虑到不同国家的需求和承受能力，较易为各国所接受。2020 年 6 月 23 日，RCEP15 个成员国（除印度外）举行部长级视频会议，一致决定努力推动 2020 年年内签署协定。⑤ 事实上，就在当年 11 月 15 日，15 个国家签署了 RCEP，完成了最大

---

① Yoshifumi Fukunaga and Ikumo Isono, Taking ASEAN+1 FTAs towards the RCEP: A Mapping Study, Economic Research Institute for ASEAN and East Asia, ERIA Discussion Paper Series, ERIA-DP-2013-02, http://www.eria.org/ERIA-DP-2013-02.pdf.

② Yoshifumi Fukunaga, ASEAN's Leadership in the Regional Comprehensive Economic Partnership, Asia and the Pacific Policy Studies, Volume 2, Issue 1, 2015, pp. 103 – 115.

③ 参见外交部发言人耿爽，美国退出 TPP 意味 RCEP 进程将大大加快？外交部回应，2016 年 11 月 22 日。

④ Michael J. Green & Matthew P. Goodman, After TPP: the Geopolitics of Asia and the Pacific, The Washington Quarterly, Volume 38 Issue 4, 2015, pp. 19-34.

⑤ WTO Trade：RCEP 会议再度确认促使印度回归谈判，每日经济商业，2020 年 8 月 29 日。

FTA 的谈判进程。

第二，不管我们自己承认不承认，RCEP 已经与"中国主导"连在一起。在 2016 年的利马 APEC 首脑会议上，TPP 搁浅的后果已经显现之时，同时参加 TPP 和 RCEP 的谈判的新西兰贸易部长表示"我们不会把鸡蛋放在一个篮子里"[①]。秘鲁和智利等国家表示有兴趣加入"中国倡导的RCEP"[②]。而另一方面，在 RCEP 的谈判过程中，地缘政治竞争产生的"负作用"也开始显现，印度曾表示它不会参加中国主导的协定。澳大利亚和新西兰，甚至日本一开始就采取骑墙态度，也是针对 RCEP 的这个属性的。RCEP 是否成功，也关系到中国的领导力和声誉，这是中国推动RCEP 的原因之一。

第三，如前所述，RCEP 设定的标准考虑到不同国家的需求和承受能力，具有较大的包容性；如果中国有意于将 RCEP 作为"一带一路"建设的制度基础，相对来说，易被"一带一路"沿线国家所接受。

第四，虽然从 FTAAP 概念到谈判，事实上的进程一筹莫展。但即便如此，RCEP 也可能成为达成更广泛的 FTAAP 的唯一途径。理由如下：其一，TPP 进程出现新变化意味着包括 RCEP 和其他区域经济一体化的进程将大大加快。在秘鲁利马的 APEC 第二十四次领导人非正式会议上，各成员经济体围绕亚太区域经济一体化进行了深入讨论，对外发出了构建亚太开放型经济、继续深化区域一体化进程、反对贸易保护主义的强烈信号，并一致同意继续推进 FTAAP 进程。长期以来，中方同东盟以及其他有关各方一直积极推动 RCEP 谈判。中国和东盟无疑将大力推动 RCEP 谈判进程，

[①]　Bob Davis, "China Pushes its New Pacific Free-Trade Zone at APEC Meeting：Fight over Free Trade Area of the Asia Pacific Dominated Weekend APEC Trade Meeting." Wall Street Journal, 18 May 2014。

[②]　Latin American economies look to China for free trade options, South China Morning Post, November 19, 2016.

争取早日取得积极进展。其二，TPP 只有 12 个成员，RCEP 却有 16 个成员。TPP 成员少，主要原因是其设置了高标准，而 RCEP 的成员准入标准则是取决于是不是与东盟缔结了 FTA。奥巴马利用任上最后一次参加重大国际会议的机会，暗示中国领导的 RCEP 是"低标准的自贸协定"。① 确实，相较于 TPP 的"高门槛"，RCEP 的目标是消除内部贸易壁垒、创造和完善自由的投资环境，但它强调循序渐进，允许并尊重各国有不同的劳工和环境标准。而 TPP 像是一个富国俱乐部，要求各国的开放要高标准高规格（WTO-Plus），如一致的劳工和环境标准。② 但事实是，亚洲和拉美的发展中国家根本无法按照美国原先设定的 TPP 高水准来实施，否则国内经济和就业都会受到很大的负面影响。相比之下，RCEP 被认为具有较强包容性，不强制开放所有领域，容易被各方所接受。③ RCEP 是开放性的区域经济伙伴关系协议。"开放性地区主义"④ 必能吸引更多亚太成员参与，从而在事实上走向 FTAAP。其三，由于美国的缺席，CPTPP 不可能成为21 世纪的经济规则。同样因为美国的缺席，RCEP 在后 CPTPP 时代不可能成为本区域一体化的终极规则。因为亚太自贸体系不可能排除美国，即使迄今为止美国仍未参与 RCEP，这一区域自贸协定也会与美国的自贸需求相向而行，中国是欢迎实现这样的利益对接的。这也是从 RCEP 过渡到

---

① Latin American economies look to China for free trade options, South China Morning Post, Novermber 19, 2016.

② Sanchita Basu Das, RCEP and TPP: Comparisons and Concerns, in Ooi Kee Beng（ed.）, ISEAS Perspective: Selections 2012-2013, Singapore 2013: pp. 202-213.

③ Jeffrey D. Willson, Mega-Regional Trade Deals in the Asia-Pacific: Choosing Between the TPP and RCEP? Journal of Contemporary Asia, Vol. 45, Issue 2, 2015, pp. 345-353.

④ 在共享的地理范围和共同的区域利益下保持区域组织成员的可控数量，奉行"开放性地区主义"一直以来是亚洲区域合作的两条重要经验。参见 Asian Development Bank Institute, Asia 2050: Realizing the Asian Century, Manila: Asian Development Bank, 2011, p. 111.

FTAAP 的原因之一和必然选择。① 其四，中方对待亚太自贸区的态度有助于实现从 RCEP 到 FTAAP 的过渡。中国对所有有助于亚太经济一体化、促进区域贸易投资自由化与便利化、促进亚太地区发展与繁荣的自贸安排原则上均持开放态度。② 同时，中国希望有关自贸安排遵循 WTO 规则并有助于促进多边贸易体系。希望亚太地区各项自贸安排相互促进而非相互排斥。③ 中国表明既要防止亚太地区自贸安排碎片化，也要防止其被政治化。未来的 FTAAP 将会包括美国在内的所有 APEC 成员，需要既能有利于防止本区域自贸安排碎片化，又要避免因美国主导从而排除特定国家的政治化问题。总之，FTAAP 谈判的启动，更取决于各方的共识。

不过，RCEP 方案也有弊处。主要是在 RCEP 对成员国的选择上。目前 RCEP 的成员国要么是东盟成员国，要么是与东盟签订 FTA 的国家。这种制度设计有可能会被除东盟成员国和与东盟签订 FTA 的国家之外的国家误解，从而影响其他国家的加入。

四、"一带一路"国际贸易合作机制构建路径选择

（一）以 WTO 作为"一带一路"贸易合作机制的路径

如上所述，"一带一路"目标与 WTO 的宗旨高度吻合，将 WTO 规则

① Petri, Peter A. and Abdul‑Raheem, Ali, Can RCEP and the TPP be Pathways to FTAAP?（October 12, 2014）. Available at SSRN：https：//ssrn. com/abstract = 2513893.

② Chen Shen, Asia‑Pacific Inclusive Cooperation and China's Strategic Choice, Fudan Journal of the Humanities and Social Sciences, September 2015, Volume 8, Issue 3, pp 415‑426.

③ Penghong Cai, China's Responses to Mega‑Regional FTAs A Chinese Perspective, Asian Survey, Vol. 56 No. 6, November/December 2016, pp. 1123‑1144

作为"一带一路"的载体，将 WTO 的争端解决机制用于"一带一路"沿线国家之间的贸易争端解决，具有规则成熟、成本较低的优势，并能较快地实际运行起来。然而，目前仍有许多沿线国家，如土库曼斯坦、乌兹别克斯坦、白俄罗斯、阿塞拜疆、伊朗、伊拉克、黎巴嫩、叙利亚、埃塞俄比亚、索马里等，[①] 不是 WTO 成员国家。故而，以 WTO 作为"一带一路"贸易合作机制，需要扩大"一带一路"沿线国家中的 WTO 成员方数量，鼓励这些非成员国加入 WTO。

以中亚地区为例，最早加入 WTO 的是吉尔吉斯斯坦，在不久之后塔吉克斯坦、哈萨克斯坦也随之加入 WTO 之中，目前，经济相对落后和封闭的土库曼斯坦也已在 2013 年开始为加入 WTO 进行前期准备工作。由此可见，中亚国家在经济全球化的影响下，已经逐渐认识到经济全球化的重要性，并对于加入 WTO 具有一定的积极性。中国可以以自身的经验鼓励其他的非 WTO 成员方加入 WTO，从而享受自由贸易所带来的经济福利。同时，鉴于这些国家普遍缺乏能力，需要针对这些国家加入 WTO 对其经济发展特别是对其农业、食品业以及轻纺业等优先发展部门的影响作出明确的指导，对加入 WTO 的利弊进行充分和令人信服的分析，并对加入 WTO 之后应该履行的责任与义务做清晰的阐释。我国在此过程中也可以通过派出 WTO 专家学者的方式提供技术援助。

（二）以区域贸易协定作为"一带一路"贸易合作机制组成部分的路径

目前，在"一带一路"沿线国家之间已经有各类区域性的自由贸易协定。本书提出可以将现有的自贸协定纳入"一带一路"的贸易合作机制中

---

① https：//www.wto.org/english/thewto_e/whatis_e/tif_e/org6_e.htm.

来，服务于"一带一路"的建设。

1. 基于上海合作组织（SCO）建设"丝绸之路经济带"贸易合作机制

以中亚地区为例，在全球化经济发展的影响下，该地区的各个国家逐渐意识到区域经济合作的重要性，逐渐开展国家之间的区域经济合作。而"一带一路"倡议的提出，恰好为这些国家积极参与到"丝绸之路经济带"的建设中、开展区域合作创造了良好的机会。自"丝绸之路经济带"的构想提出以后，哈萨克斯坦就希望在经济、贸易、投资以及文化方面同中国进行一定的合作，并且率先启动了合作项目。乌兹别克斯坦位于中亚地区的中心地带，该国是中西方之间进行交流的必经之地，因此，在"丝绸之路经济带"建设过程中，应该将这一地区的地理优势充分有效地发挥出来，同时对于周边的各个国家之间必须要加强相互的经济合作，交通、通信以及油气管道之间应该事先互通，进而实现各个国家之间的友好合作。与此同时，"丝绸之路经济带"的有效建设同样可以促进乌兹别克斯坦的安稳发展。除此之外，在经济带之中的另外一个重要的交通枢纽就是土库曼斯坦，该国在铁路以及公路上投入了更多的精力进行建设，将其交通优势充分发挥出来，"丝绸之路经济带"的建设同样离不开该国的大力支持。

"丝绸之路经济带"的有效建设对于周边国家的发展具有重要的意义，其可以促进国家逐渐实现经济发展以及民生改善的重要目标。在此经济带的影响下，相比于国际上的相关组织，其对于机制的要求并不多，合作方式灵活多样，对于中亚地区的国家来说，其具有非常大的优势，受到一定的欢迎，并且越来越多的中亚地区国家逐渐参与到合作中。而在此过程中，可以基于 SCO 的现有框架，进一步促进区域自由贸易协定的谈判和达成。SCO 成立于 2001 年 6 月 15 日，是由哈萨克斯坦共和国、中华人民共和国、吉尔吉斯共和国、俄罗斯联邦、塔吉克斯坦共和国、乌兹别克斯坦共和国在中国上海宣布成立的永久性政府间国际组织。上海合作组织会员国合作涵盖贸易投资、海关、金融、税收、交通、能源、农业、科技、电信、环保、卫生、教育等领域。虽然 SCO 有《上海合作组织多边经贸合作纲要》，但没有形成具体的自贸协定。我国虽然有意推进自贸区的形成，但目前效果甚微。不过，鉴于"一带一路"倡议的提出，或许"丝绸之路经济带"会给上合组织乃至周边国家提供一个经贸合作的具体框架。

2. 基于 RCEP 和 FTAAP 建设"海上丝绸之路"贸易合作机制

在亚太地区，RCEP 和 FTAAP 可以作为区域自贸协定承担贸易合作机制的作用。在东盟 10+6 地区，RCEP 参与国与"21 世纪海上丝绸之路"沿线国家有很大程度上的重叠，将 RCEP 作为"海上丝绸之路"贸易合作机制，可起到事半功倍的效果。同样重要的是，RCEP 的谈判接近完成，除了印度之外的其他参与国家希望在 2020 年年底结束 RCEP 的谈判。既有的 RCEP 能更快速有效地实现相关区域贸易互通的目的。

而在五大经济合作组织（APEC）地区，其成员也与"21 世纪海上丝绸之路"沿线国家有很大程度的重叠。虽然亚太自贸区的概念是由美国最先提出的，但美国的退缩可能给中国提供新的机会。中国紧贴亚太地区一体化的进程，可以从外围造势与借力，防止自身被边缘化与隔离化，这也为中国主导的区域一体化的推进提供了黄金机遇。① 在 2016 年举办的利马 APEC 首脑会议上，习近平主席提出了反对贸易保护主义和建立亚太地区自贸区的构想，尝试加速推动中国自己的亚太自贸区方案。在保护主义和逆全球化的思潮中，中国引领自由开放和包容的多边秩序，支持多边贸易

---

① Michael J. Green & Matthew P. Goodman, After TPP: the Geopolitics of Asia and the Pacific, The Washington Quarterly, Volume 38 Issue 4, 2015, pp. 19-34.

体系的这一行动广泛受到赞誉。正如《金融时报》社论所指出的那样："中国将成为全球经济开放的领头羊"。[①]《"十三五"规划纲要》也明确提出，要加快进行包括 FTAAP 的相关工作。

对中国而言，接下来的主要问题是如何推进服务于"一带一路"建设的亚太自贸区建设。笔者认为，新建的亚太自贸区主要承担两个职能：一是建立各国有关于经贸投资等一系列议题的最低标准，增加跨国法律问题的确定性；二是建立一套"一带一路"建设过程中出现的沿线国家承认的受其约束的国际裁判规则和机构，使得"一带一路"争议可以迅速有效地得到解决。

RCEP 和 FTAAP 自贸区是一种经济层面的制度化合作机制，会在"一带一路"沿线国家构建一种经济贸易秩序。RCEP 和 FTAAP 分别在早期和中期恰到好处地为"一带一路"倡议提供了合作机制建设的载体。RCEP 和 FTAAP 的未来很大程度上取决于主导大国的推动，取决于中国如何进行谈判并满足其他谈判国家的利益诉求[②]。而对中国来讲，中国的"一带一路"倡议恰恰为中国推动伴随"一带一路"建设的 RCEP 和 FTAAP 自贸区谈判注入了动力。如何在"一带一路"建设过程中，通过利益协商交换、提供优惠条件等手段说服其他国家参与这一机制，是中国亟待解决的问题。

（三）基于现有各种制度或机制的混合型贸易合作机制

上述两种方案都是现阶段操作性较高、各类制度已较为成熟的路径选择。然而，需要注意的是，这两种方案各有其弊端。完全基于 WTO 的框

---

① 转引自《参考消息》报道《中国在 APEC 峰会彰显负责任大国形象》，2016 年 11 月 21 日。

② Jagannath P. Panda, Factoring the RCEP and the TPP: China, India and the Politics of Regional Integration, Strategic Analysis, Volume 38, Issue 1, 2014, p. 49.

架协议，则需要考虑到部分非 WTO 成员方。此外，WTO 的规则是由发达国家主导的，能否考虑到"一带一路"沿线各国尤其是发展中国家的利益是有待商榷的。而各类区域性自贸协定则面临着共同的问题，即这些协定只能涵盖"一带一路"沿线的部分国家，而非所有国家。

从长期来看，"一带一路"的贸易合作机制需要在现有各种制度或机制的基础上，形成以中国为主导、充分考虑到各国发展水平的差异和特点的综合型贸易合作机制。该机制应采用多边合作的模式，首先要在"一带一路"沿线国适用，并且成为能够允许全球性参与的具有可发展性的机制。

目前，从参与主体来看，"一带一路"各成员国在地理、人口、政治、宗教信仰以及经济发展水平和经济结构等方面存在的差异性和复杂性问题比较突出。各经济体遍及北美、南美、东亚和大洋洲，既有人口大国，也有人口小国；既有资本主义国家，也有社会主义国家；既有发达国家，也有发展中国家；既有以制造业为主导产业的国家，也以资源为主导产业的国家。这就决定了亚太地区经济体在涉及农业、劳工、环境、知识产权等方面的谈判时将会有不同的利益诉求和较大分歧。倘若考虑韩国、泰国等潜在成员国，这种差异性和复杂性还会进一步增大。无论是现有的 WTO 还是水平较高的 TPP 和 CPTPP 都难以满足这些差异化的需求。因而，在接下来很长的一段时间内，都需要以一项新的多边贸易框架机制的构建为目标，吸纳不同利益诉求的国家参与到该项机制的建设和谈判中，努力平衡各方利益。

另外，从实际操作的角度看，在"一带一路"沿线不同的国家之间，可以允许适用不同的贸易合作机制，形成既包括 WTO 协定、又包括国家和地区相互之间的自贸协定，甚至包括正式的贸易合作承诺与安排的混合型贸易合作机制,共同推进贸易便利化和自由化的合作机制建设。混合型的"一带一路"贸易合作机制从内容上看,宜在相互之间解决贸易便利化问题,消除贸易壁垒,构建区域内和各国良好的营商环境,激发释放合作潜力,做大贸易合作量,提高贸易合作水平。

五、结束语

贸易合作机制是"一带一路"合作机制最重要的组成部分。随着"一带一路"建设的深入推进,进一步加强"一带一路"贸易合作机制建设就显得尤为迫切。在推进"一带一路"贸易合作机制建设过程中,要秉持开放性、渐进性理念和正确义利观。

首先,要秉持开放性理念。虽然很多区域合作机制都标榜开放性,但其严格的门槛规则实际上把许多发展中国家排除在区域合作机制之外,并没有体现出真正的开放性。"一带一路"贸易合作机制则应该有所不同。该机制不需要设置严格的门槛规则,而是遵循共商共建共享原则,对发达国家和发展中国家一视同仁,鼓励各方平等自愿参与,体现真正意义上的开放性。因此,在推进"一带一路"贸易合作机制建设过程中,应充分尊重参与国意愿,充分考虑各国经济发展水平差异及其参与"一带一路"建设的多样化利益诉求。比如,有些国家受制于自身能力,只参与"一带一路"贸易合作机制建设中某些领域的合作,那么就不需要履行"一带一路"贸易合作机制建设中其他领域规则要求履行的责任。这样做,既可以为发展中国家参与"一带一路"建设提供保障,又充分体现了"一带一路"贸易合作机制建设的开放性。

其次,要秉持渐进性理念。"一带一路"建设是一项宏伟事业,其合作机制建设不可能一蹴而就。随着大批港口、公路、铁路等基础设施项目逐渐完工并投入运行，产业园区建设、科技园区建设将成为未来推进的重点，"一带一路"建设参与国的互联互通将进入新的发展阶段，此时推进"一带一路"贸易合作机制建设就显得尤为必要。例如，企业间跨境合作需要统一的产品质量标准、安全标准、技术标准，不同国家间互联互通建设亟须统一的运输规则、物流规则，尤其是涉及企业与政府间关系就更需要构建国家层面的贸易便利化合作机制等。这决定了"一带一路"合作机制建设将是一个随规则所涵盖领域和成员不断扩大以及规则约束力不断增强而渐进发展的过程。

再次，秉持正确义利观。秉持正确义利观是"一带一路"贸易合作机制建设的基本要求和判定其建设成功与否的重要标准。没有"义"，"一带一路"合作机制将失去存在的价值；没有"利"，"一带一路"贸易合作机制将难于持续发挥功用。只有兼顾"义"和"利"这两个目标才是"一带一路"合作机制建设的正道。秉持正确义利观需要协调好予与取的关系、长期利益与短期利益的关系、宏观目标与微观目标的关系。一是协调好予与取的关系。通常情况下，国家之间的贸易合作予与取应该维持大致平衡，但对有些特别落后的发展中国家则需要多予少取。二是协调好长期目标与短期目标的关系。利的目标通常具有短期特征，而义的目标则具有长期特征。只有坚持先义后利，才能实现义利并举，长期利益与短期利益协调。三是协调好宏观目标与微观目标的关系。政府和企业所追求的目标并不完全吻合，要使企业在获利的前提下实现义的目标，就需要做好对企业的督促和引导，如督促企业在走出去的过程中履行社会责任，运用跨国财税、融资、环保等机制引导企业的行为等。

第三章

"一带一路"投资安全保障机制体系[*]

　　随着"一带一路"倡议的逐步实施和新的全面开放格局的形成，中国企业在"一带一路"沿线国家的投资规模日益扩大。作为"一带一路"沿线国家的主要投资来源国，中国"走出去"的企业面临较大的安全风险。本章将介绍投资安全风险的发展，分析前述投资安全保障机制体系的要素，并进一步提出完善投资安全保障机制体系的路径。具体而言，应从投资安全风险的监测和预警机制着手，以国际投资协定和投资风险保险制度为核心，构筑投资安全保障机制体系，包括投资安全风险的监测和预警机制、国际投资协定、投资安全风险的保险机制、外汇储备支持与外汇风险防御体系，以及企业境外经营的合规机制，在此基础上积极推进各投资安全保障机制的协同，以形成保障投资安全的合力。

一、问题的缘起

　　据商务部统计，截至 2019 年年末，中国对"一带一路"沿线国家的直接投资存量为 1794.7 亿美元，占中国对外直接投资存量的 8.2%，中国

---

　　* 研究阐释党的十九大精神国家社科基金专项"'一带一路'国际合作机制框架设计"（18VSJ050）前期成果之一。

境内投资者在"一带一路"沿线国家设立境外企业近 1.1 万家，涉及国民经济 18 个行业大类 。① 随着"一带一路"倡议的进一步实施和新的全面开放格局的形成，中国企业在"一带一路"沿线国家的投资规模还将继续扩大。在这个背景下，"一带一路"建设的关注者自然会关注我国境外投资利益可能在"一带一路"沿线国家遭遇的风险。②

尽管对于投资风险有多种定义③，但最能反映投资风险概念本质的是经济合作和发展组织（OECD）对投资风险的定义，即违背主体意愿的结果事件发生的概率。④ 当前，国际形势发生深刻变化，境外投资环境复杂敏感，特别是"一带一路"沿线国家众多，经济发展水平和治理水平各异，受国际发展失衡、全球治理体系变革滞后等因素的影响，部分国家治理赤字，这就使得违反我国投资企业意愿的事件大概率会发生。这就是所谓"一带一路"投资安全风险。

针对"一带一路"投资安全风险，为了防范化解投资风险、提供推进"一带一路"可持续发展的有力保障，无疑需要探讨"一带一路"投资安全保障机制的建立、完善和运行。目前已出现不少研究"一带一路"投资的安全风险及其防范的成果，然而，多数研究都将重点放在特定的保障机

---

① 商务部：《中国对外投资合作发展报告 2020》，第 99 页。

② 范婧昭：《俄罗斯投资法律制度和投资风险防范研究》，《上海政法学院学报·法治论丛》2019 年第 2 期，第 13—20 页。

③ 例如，在商务部的文件中，境外投资安全风险就以列举的方式被定义为：（1）政治风险，指驻在国的政局变化、战争、武装冲突、恐怖袭击或绑架、社会动乱、民族宗教冲突、治安犯罪等；（2）经济风险，指经济危机、金融市场动荡、主权债务危机、通货膨胀、利率汇率变动等宏观经济形势变化等；（3）政策风险，指驻在国政府的财政、货币、外汇、税收、环保、劳工、资源政策的调整和国有化征收等；（4）自然风险，指地震、海啸、火山、飓风、洪水、泥石流等自然灾害及重大流行性疾病等；（5）境外发生的可能对我对外投资合作造成危害或形成潜在威胁的其他各类风险。参见商务部：《对外投资合作境外安全风险预警和信息通报制度》，商合发〔2010〕348 号。

④ 转引自 Charles Baubion, OECD Risk Management：Strategic Crisis Management, OECD Working Papers on Public Governance No. 23, 2013.

制（如投资安全风险的保险机制）的构建与完善上。本书认为，"一带一路"投资安全无法仅借由某个特定的机制获得保障，而需要通过一套高效可靠的投资安全保障机制来构成一个境外投资安全风险管理的闭环才能实现，即要构筑一个投资安全保障体系，并在此基础上加强各机制的协同，使其发挥保障投资安全的合力。

二、投资安全保障机制体系的构成

"一带一路"投资安全保障机制体系，包括投资安全风险的监测和预警机制、国际投资协定、投资安全风险的保险机制、外汇储备支持与外汇风险防御机制，以及企业境外经营的合规机制。

（一）投资安全风险的监测和预警机制

投资安全风险的监测预警，涵盖对投资面临的复杂环境和潜在风险进行监测预警、分析研判和应对处理的全过程。监测预警机制的构建和运行，可以加强对重大风险的常态化、机制化管理，使重大投资风险能够得到及时、有效的识别和处理，从而防患于未然，以确保投资安全。建立完善投资安全风险预测和预警机制的内在逻辑是，从强化安全风险防范机制出发，围绕加强境外投资安全风险防范，探索建立对外投资企业的分类分级风险提示制度，从而全面提高境外投资安全保障和风险应对能力。

随着"一带一路"倡议的深化和推进，很多政策性融资机构在协助企业赴境外投资的过程中，开始越来越重视境外投资安全风险的防范。例如，中国出口信用保险公司不定期推出《"一带一路"国家基础设施行业专题研究报告》①，其内容涵盖"一带一路"沿线国家的宏观政治经济形势、基础设施行业市场情况、中资企业进入这些国家的市场风险分析、中长期风险评估等方面内容，成为企业规划境外投资的重要参考。当然，这还不足以构成投资安全风险的监测和预警。

从政府层面看，正式的境外投资安全风险监测和预警机制的建立，始于 2010 年。这一年，商务部印发《对外投资合作境外安全风险预警和信息通报制度》的通知（以下简称《通知》），启动对外投资安全预警和通报工作，要求各地商务主管部门、有关商（协）会、中央企业和驻外经商机构建立境外安全风险预警和信息通报制度，指导企业加强境外安全风险防范，保障"走出去"战略的顺利实施。

《通知》设立了预警和信息通报两套制度。预警制度一般针对的是尚未发生但又具有现实危险性的潜在风险，通常较为具体且指向明确；而通报制度往往是对现实存在的风险情况进行梳理分析和归纳总结，通常较为宏观且对象不特定。但是，无论是预警还是通报都要求各驻外经商机构、各地商务主管部门、有关商（协）会搜集情况，分析各类境外安全风险对我国对外投资可能造成的影响和后果，然后向驻在国中资企业、本地区、本行业相关企业进行预警和通报。

从发布预警和信息通报的权限来看，各驻外经商机构、各地商务部门和有关商（协）会按照分类分级原则，在各自职责范围内分别向驻在国中资企业、本地区、本行业相关企业进行预警和通报，并被要求及时将有关情况报送商务部。商务部汇总各类境外安全风险信息，视情况向全国进行预警或通报。

从内容上看，境外投资安全风险预警的情形包括严重危及我国境外中

---

① 中国信保资信，《中国信保推出"一带一路"国家基础设施行业专题研究报告》，http://www.sinosure.com.cn/sinoratingnew/xxfb/sinoratingdt/168608.html.

资企业的生存、人员生命及资产安全的安全风险事件和对境外中资企业机构的投资合作造成极大干扰、人员生命及资产安全受到威胁的安全风险事件。对前种情形，相应的行动是提醒对外投资合作企业不要前往有关国家开展投资合作活动，对已在当地的企业机构和人员要提醒其注意安全防范，并在必要时由驻外使（领）馆统一安排及时撤离；而对后者，相应的行动是提醒企业谨慎前往有关国家开展投资合作活动，对已在当地的企业和人员要提醒其注意及时采取措施，制定或激活应对预案，加强风险防范。境外安全风险信息通报的情形包括：（1）境外安全形势分析；（2）境外安全突发事件总体情况；（3）企业应对和防范境外安全风险的典型案例；（4）企业境外安全生产和管理案例。

（二）国际投资协定

从资本输出国角度讲，国际投资协定是为保护和促进境外投资及维护健康的投资环境和与资本输入国签订的投资协定，包括双边投资协定和具有投资章节的自由贸易协定。缔结国际投资协定对与投资有关的问题进行规制，最早出现在双边层面。过去的半个世纪中，双边投资协定是资本输出国为保护其境外投资而设计的法律保护工具，可以为投资者提供一个明确、稳定和透明的投资法律框架，特别是当投资者与东道国发生投资争端时，双边投资协定为投资者提供寻求国际援助的可能性。而在以传统的手段和途径来解决国际投资争端未能奏效的情况下，双边投资协定的投资争端国际解决机制就成为唯一的救济手段。[①] 缔结双边投资协定有助于以

---

① 有文章就以缅甸密松项目争端个案为例，说明传统的争端解决手段和途径即政治外交和友好协商，存在明显的局限性，建议应尽量弱化搁置项目可能造成的政治影响，诉诸两国投资协定所赋予法律手段解决中方企业与缅甸政府之间的争端。参照张万红、张玲：《论我国境外投资权利救济路径的选择——基于"密松项目"的个案研究》，《对外经济贸易大学学报》2016年第3期，第42-51页。

"非政治化"的方式解决境外私人投资争端，即建立不需要任何的政府干预就可以为投资者提供有效救济的机制。中国是发展中国家，又是新兴的经济大国，中国企业投资的"一带一路"沿线国家大多也是发展中国家，中国需要考虑避免不时出现的私人境外投资争端干扰中国与其他发展中国家之间政府层面的一些更为重要的关系，而双边投资协定有助于中国政府在不削弱对投资者的有效救济的情况下，从对私人境外投资纠纷的参与中解脱出来。① 自 1982 年中国与瑞典签订第一个中外双边投资协定以来，中国与外方迄今仍生效的有 105 个双边投资协定②和 21 个自贸协定③，其中 56 个双边投资协定和 13 个自贸协定④是与"一带一路"沿线国家签署的。⑤

中国与"一带一路"沿线国家缔结的双边投资协定，大部分缔结于 1996 年之前。当时，中国签订的双边投资协定分为两类，一是作为投资东道国与发达国家订立的投资协定，其目的无疑是为了吸引外国投资，同时又对外国投资进行严格的管制，因此这类协定缺少国民待遇条款、限制资本汇出、投资者只能将与征收补偿款额有关的争端提交专设仲裁庭解决等情况。二是基于政治和外交上的考虑与发展中国家签订的投资协定，这类投资协定内容较为基础，条款也比较简单，缺乏可操作性。尤其是，当时

---

① 韩冰：《"一带一路"建设亟须高水平投资协定护航》，《中国经济时报》，2017 年 4 月 26 日，第 5 版。

② 商务部双边投资保护协定网站：http://tfs.mofcom.gov.cn/article/Nocategory/201111/20111107819474.shtml。

③ 商务部自贸区服务网站：http://fta.mofcom.gov.cn/。

④ 中国政府"一带一路"网（https://www.yidaiyilu.gov.cn/xwzx/roll/77298.htm）列出的国家中，56 个与中国缔结双边投资协定，13 个与中国缔结自贸协定。

⑤ 值得一提的是，中国与"一带一路"沿线中的东盟十个成员国中的九个（除文莱以外）均签订了双边投资协定，而且中国与东盟又在自由贸易协定框架中订立了《投资协议》，虽然后者在很大程度上只是重复了前者。另外，由东盟主导的、中国参与的《区域全面经济伙伴关系协定》（RCEP）的谈判已在 2020 年年底达成并于 2021 年 11 月正式生效，其中同样包含投资专章。

中国开展境外投资的实力不强，协定中关于投资保护的标准是不高的。例如，关于投资者与东道国之间的争端解决问题，当时的投资协定只规定"因征收补偿款额引起的争端"可交由国际仲裁，从 1997 年起，由于中国已经成为《解决国家与他国国民间投资争端公约》（《华盛顿公约》ICSID）的缔约国，中国此后缔结投资协定不但开始规定投资者可以将争端提交到 ICSID 加以解决，而且将国际仲裁的范围扩大到投资者与东道国所有的投资争端。[①]

近年来，以中国与加拿大双边投资协定、中国与澳大利亚自由贸易协定以及中国与韩国自由贸易协定中的投资章节为典型，这些国际投资协定内容丰富，措辞严密，在赋予投资者更多权利的同时也注重平衡投资者与东道国的利益。本文注意到"一带一路"沿线中欧盟国家与中国之间已出现自由化程度更高的投资协定。13 个欧盟成员国参与了"一带一路"建设，而中国与欧盟的《全面投资协定》已于 2020 年 11 月完成谈判，是迄今为止中国缔结的最先进的投资协定。如果最终得以批准，该高标准、自由化的投资协定将在中国与这 13 个欧盟国家之间替代现行水平低的双边投资协定。因此，中国在"一带一路"沿线 13 个欧盟成员国的投资在未来必然会受到更高水平投资协定的保护。

（三）投资安全风险的保险机制

政治风险是企业在境外投资必须关注的风险，包括战争、类似战争行为、叛乱、罢工及暴动，以及政府有关部门征用或没收、汇兑限制等风险，它具有非连续性、难以预料性，一旦发生，对一个国家甚至相关区域

---

① Cai Congyan, Outward Foreign Direct Investment Protection and the Effectiveness of Chinese BIT Practice, Journal of World Investment and Trade 7 (5), 2006.

的国际投资都会产生负面影响。

投资保险针对的就是政治风险，是指一国政府对本国投资者在境外可能遇到的风险提供保证或保险，是当投资者向本国投资保险机构申请保险后，若承保的政治风险发生，致投资者遭受损失，则由国内保险机构补偿其损失的制度。另外，世界银行倡议设立的多边投资担保机构（MIGA），向缔约国的投资者在其他缔约国的投资提供"投资保证"①，也是针对投资政治风险的一种保险机制。②

投资保险与前述的国际投资协定是两种联系密切、相互补充的投资安全保障机制。实践中，国际投资协定是投资保险定价时必须考虑的权重因子，如果投资者母国与东道国之间签署了国际投资协定，承保机构可以酌情降低保费。另外，国际投资协定可以为信用保险机构的代位求偿权提供法律依据。③ 基于国际投资协定的相关条款，投资者母国的投资保险机构在先行赔偿投资者后自动获得对缔约东道国的代位求偿权。然而，国际投资协定和投资保险的作用也有一定的区别。首先，两者对投资者的保护范围不同。投资保险服务，一般仅限于四种保险事故或政治风险，即战争暴乱、汇兑限制、征收和政府违约。而国际投资协定为投资者提供的实体和程序性保护比投资保险的范围大很多。除了规定对国有化和征收补偿、汇兑限制、战争安全保护和代位求偿条款外，国际投资协定还规定了对投资

---

① "投资保证"是"投资保险"的另一种称呼，有时可以互相替用。

② MIGA 将政治风险分为违约、货币不可兑换和转移限制、征用、战争和内乱、政府或国有企业不履行财政义务五类。MIGA, Investment Guarantee Guide 2021, November 1, 2021, available at https：//www. miga. org/sites/default/files/2021 - 11/MIGA% 20Investment% 20Guarantee% 20Guide% 202021%20v2. pdf.

③ 以《中国—加拿大促进和保护投资协定》为例，该协定第 13 条规定了代位条款："若一缔约方或其代理机构依据其对投资者的涵盖投资授予的担保或保险合同向该投资者作了支付，则另一缔约方应承认该投资者的任何权利或诉请均转移给前述缔约方或其代理机构。所代位的权利或诉请不得超过前述投资者原有权利或诉请。此权利可由缔约方行使，或由其授权的任何代理机构行使。"

者保护的绝对待遇和相对待遇、业绩要求禁止等条款，即禁止东道国将使用当地资源或者当地销售等作为投资者的展业要求。其次，两者对投资者的保护方式不同。国际投资协定作为一种条约国际法，对投资者的保护是自发的。而政治风险保单是被保险人和保险机构签署的保险合同，在发生风险后，需要保险机构在符合赔付条件的基础上，对投资者及时提供风险补偿。

投资保险制度的存在，使得作为投保者的投资者可以在投资安全风险事故发生时获得赔偿，事实上起到了转嫁风险的效果。另外，承保机构通过承保项目对东道国施加影响，从而降低投资项目的征收和政府违约等风险。如在出现投资纠纷后，承保机构可以借助外交等手段来协助化解投资者和有关政府之间的纠纷，最大程度降低风险损失。

我国的境外投资保险，包括境外股权投资保险和境外债权投资保险，是针对我国投资者进行境外投资，保障投资者的境外投资免受征收、汇兑限制、战争和政府违约等事件造成损失进行承保的保险产品。由于境外投资保险往往是由政府专门机构、政府投资设立的公司或者政府委托的专门机构为本国境外投资者提供的政治风险保险，其实质上是一种对本国境外投资者的"准国家保证"。我国境外投资保险业务统一由唯一的政策性国有保险公司——中国出口信用保险公司（以下简称"中国信保"）负责承保。国家发改委和中国信保于 2005 年 1 月 25 日发布的《关于建立境外投资重点项目风险保障机制有关问题的通知》[1] 以及国家开发银行、中国出口信用保险公司于 2006 年 1 月 18 日发布的《关于进一步加大对境外重点项目金融保险支持力度有关问题的通知》[2] 是目前我国境外投资保险的主

---

[1] 发改外资〔2005〕113 号。

[2] 开行发〔2006〕11 号。

要规范性文件。

境外投资保险机制主要涉及以下几方面的内容：

1. 投资保险制度模式。境外投资保险制度的设计可以采取双边模式、单边模式和混合模式。其中，双边模式是指一国的境外投资保险制度与双边投资协定对接，即境外投资保险以国家之间的双边投资协定为前提条件。在这种模式下，在发生政治风险后，投资者母国的保险公司依照协定中的代位权条款向东道国行使代位求偿权。在单边模式下，境外投资保险并不以东道国与其有双边投资协定作为投保前提，这种模式便于投资者投保，但弊端亦很明显，一旦发生政治风险，囿于没有双边投资协定对代位权进行设定，投资保险机构行使代位求偿权的难度大，只能寻求外交途径解决。在混合模式下，境外投资保险原则上要求以与投资东道国签订双边投资协定作为投保前提，但并不绝对以此为前提。中国信保的《投保指南》并未对合格的东道国作出范围上的限制，也不要求东道国与我国之间存在双边投资协定，而只是对项目本身的政策要求作出规定，据此可以认为我国的境外投资保险采用的是单边模式。

2. 合格投资者。境外投资保险的合格投资者为：在中国境内（香港、澳门、台湾除外）注册成立的金融机构和企业，在中华人民共和国境外（包括香港、澳门、台湾）注册成立的企业、金融机构，如果其95%以上的股份在中国境内的企业、机构控制之下，可由该境内的企业、机构投保。

3. 承保对象。境外投资保险承保的投资项目应符合我国外交、外经贸、产业、财政及金融政策，符合投资项目各方所在国的法律和政策规定，并获得与投资项目相关的批准许可。

4. 承保的范围。我国境外投资保险的范围包括"汇兑限制、征收、战争及政治暴乱、附加政治风险（经营中断与违约）"，基本涵盖了可能发

生的主要政治风险,其中征收、战争、汇兑限制属于主险;政府违约风险
是指因战争及政治暴乱导致投资项目建设、经营的临时性完全中断和因东
道国政府或经保险人认可的其他主体的违约行为导致与投资项目有关的协
议无法履行的风险,属于附加险。

5. 损失赔偿比例。境外投资保险承保投资者的投资及已赚取的收益因
承保风险而遭受的损失。损失赔偿比例方面,基本政治风险项下赔偿比例
最高不超过95%;违约项下赔偿比例最高不超过90%;经营中断项下赔偿
比例最高不超过95%。

(四)"一带一路"外汇储备支持与外汇风险防御机制

构建外汇储备支持与外汇风险防御机制,是保障"一带一路"建设及
其投资安全的有力支撑。外汇储备为推动"一带一路"框架下基础设施、
资源开发、产业合作和金融合作等项目提供资金融通,在"一带一路"建
设中发挥着重要作用。2014 年以来,外汇管理部门实施直接投资外汇登
记、下放银行办理、资本项目外汇收入意愿结汇等便利化措施,服务于
"一带一路"建设和周边基础设施互联互通。[1]

外汇风险管理对于企业来说十分重要,特别是对于在"一带一路"沿
线国家进行投资与贸易的企业而言,多数"一带一路"沿线国家所使用的
货币为非自由兑换货币,因此,中国企业在这些国家进行投资与贸易时就
会面临很大的外汇风险,需要加以防范和对冲。目前,企业防范和对冲外
汇风险的手段通常分为两种,即经营性对冲和金融性对冲。[2] 譬如,一制

---

[1] 孙天琦:《外汇管理改革开放服务"一带一路"》,《中国金融》2019 年第 8 期,第 19-20 页。

[2] 张海亮、梅媚、齐兰:《"一带一路"倡议下企业如何规避外汇风险——基于经营性对冲和金融性对冲的比较》,《国际贸易问题》2020 年第 3 期,第 147-161 页。

造业企业的原料采购、设备组装、产品设计、仓储运输、批发、零售等经营活动涉及外币汇兑时就会衍生出较大的外汇风险，如果通过在境外设立子公司就能很好地避免外汇风险，这种以分散经营和生产避免外汇风险的手段，属于经营性对冲。经营性对冲针对汇率变化对企业在不同产品、不同市场上竞争力产生影响。① 而金融性对冲是指跨国企业在面对外汇风险时运用各种外汇衍生品（外币互换、外汇远期、货币掉期、期货期权等），选择单一货币为商品计价货币、增加以外币计量的资产和负债的匹配等方法对风险敞口进行对冲。② 在外汇风险对冲的过程中，经常同时使用经营性对冲和金融性对冲。对于服务业企业而言，其特点是生产和消费具有同步性，不存在原材料的购买、仓储运输等程序，因此宜采取金融性对冲。而当以外币计价的收入和成本相匹配、排挤金融性对冲的时候，就会出现经营性对冲。③

（五）企业境外经营的合规机制建设

企业境外经营的合规是企业境外投资行稳致远的前提，合规管理能力是企业国际竞争力的重要方面。加强企业境外经营的合规机制建设，是建立健全"一带一路"投资安全保障机制体系的应有之义。近年来，为推动企业增强境外经营合规管理意识，提升境外经营合规管理水平，国家发改委、外交部、商务部、人民银行、国资委、外汇局、全国工商联在深入调研、广泛征求意见的基础上，制定了《企业境外经营合规管

---

① 李新安、高文连：《经营性对冲与我国涉外企业的外汇风险暴露》，《金融理论与实践》2014年第7期，第46页。

② 郭飞：《外汇风险对冲和公司价值：基于中国跨国公司的实证研究》，《经济研究》2012年第9期，第18-19页。

③ 张海亮、梅媚、齐兰：《"一带一路"倡议下企业如何规避外汇风险——基于经营性对冲和金融性对冲的比较》，《国际贸易问题》2020年第3期，第147-161页。

理指引》（简称《合规指引》）①，其作为一项公共服务，供境外投资企业参照执行。

《合规指引》是为企业境外经营合规管理提供的基础性指导。《合规指引》以企业境外经营面临的"合哪些规""怎么合规"等实际问题为导向，提供了相应可操作的具体指引。

三、投资安全保障机制的完善及协同

完善投资安全保障机制体系的不二途径是建立与完善各项投资安全保障机制，使之成为相互作用与互动的有机整体，在投资安全保障方面发挥协同效应。

（一）我国投资预警制度的完善

如上所述，商务部 2010 年的通知中确立的境外投资安全风险预警和信息通报制度是一个分层级的、分散化的预警和通报制度，这与中国当下的行政管理体制相适应。然而，该制度也存在明显的缺陷：在针对各类境外安全风险对我国对外投资合作造成的影响和后果的收集与分析上，分散化的分析模式有可能会浪费资源。更重要的是，由于各方在收集资料方面存在自身的局限和能力的不同等问题，导致分析结果的可靠性不一，也会影响通报的权威性。对此，一种可行的改进方式是，无论是预警还是通报制度，各驻外经商机构、各地商务主管部门、有关商（协）会只负责收集资料，并及时将资料上报给指定的具有分析能力的机构，然后，由该指定的机构综合各种资料做出全面分析后，将结论交由商务部做出预警和通报。

---

① 发改外资〔2018〕1916 号。

在目前的投资安全风险预警制度中，预警与通报是有区别的。相对于境外投资安全预警，境外投资安全风险信息通报的内容有：（1）境外安全形势分析；（2）境外安全突发事件总体情况；（3）企业应对和防范境外安全风险的典型案例；（4）企业境外安全生产和管理案例。其显然缺乏紧急性。本书认为，没有必要加以区别，因为这不但会增加营运成本，而且也不利我国在境外的投资企业对投资安全风险的把握。建议对各种投资安全风险做分级，按不同的等级进行预警。

同样，目前的投资安全风险预警制度规定，根据境外安全风险信息的敏感程度，按信息能否公开分别采取内部方式和公开方式发布预警和进行信息通报。对于敏感的境外安全风险信息，通过内部通报方式直接向企业发布预警并进行信息通报。对于可公开的境外安全风险信息，通过媒体向全社会发布安全风险预警并进行信息通报。本文认为，这种将敏感的境外投资安全信息与非敏感的投资安全信息做区分的做法没有必要：既不符合行政公开、透明原则，又增加了营运成本，而花费时间精力去收集和分析的投资安全风险的信息不能在全国范围内发挥应有的作用，也不符合成本效益比原则。

（二）我国境外投资保险制度的完善

我国专门调整境外投资保险的法律尚付之阙如，由于中国信保并不是专门的境外投资保险机构，有关境外投资保险的规定过于笼统，可操作性不强。同时，现行制度更加关注投保中前期的制度建设，在代位求偿权、索赔等方面存在疏漏；承保范围上，只是简单区分了政治风险，缺乏对具体的代位求偿条件、流程手续的说明，难免造成实务中的无章可循；在损失赔偿比例上未能全面覆盖承保的风险范围，导致索赔上出现真空地带，这都需要完善并出台正式的境外投资保险制度。

本书认为，我国境外投资保险制度的完善可从下述方向着手：

1. 确保承保机构的审批权与经营权分离。我国境外投资保险的承保机构是中国信保，负责保险审批与经营，承担着部分应当由政府部门行使的审批权，这与它作为独立法人的身份不符，最好将政府职权剥离，还原其独立市场经济主体的角色。当然，鉴于境外投资保险具有与商业保险不同的国家保险的性质，以及巨大的风险性，中国信保仍应定位为政策性公司。

2. 采取混合模式。我国的境外投资保险当前采用的是单边模式，中国信保只能通过复杂的外交途径进行代位求偿，不利于合格投资者的权益保护。考虑到中国与"一带一路"沿线的多数国家已经缔结了国际投资协定，对于发展中国家的投资保险，原则上要求以国家间具有双边投资协定为接受境外投资保险投保的前提。但在国际投资协定覆盖所有沿线国家之前，视需要可以考虑采取混合模式。

3. 承保范围方面，在我国境外投资保险的范围上，依然存在一些有待澄清的问题，如战争险是否包括内战（乱）、如何定义战争、有无程度的要求？征收险是否包括间接征收的情形，如何协调不同国家对征收行为在理解上的差异？这些都有待境外投资保险制度的完善。本书以为，境外投资保险的设立目的是保障投资人的合法权益，传统模式下，境外投资者针对政府违约行为提出诉讼，通常要受到"卡尔沃主义"即"用尽当地救济"规则的限制，投资者需要跨越重重法律障碍。此时，如果投资保险制度明确包含政府违约，特别是将东道国政府违约后的"拒绝司法"行为纳入保险事故范围，投资者通过投保政府违约险，在双边投资协定的保障下可大大增加对投资者权益的保障力度。

4. 代位求偿权要注重实现方式多样化与范围明确化并举。保险人在向被保险人支付保险金后，获得向东道国索赔的权利，它是境外投资保险制度风险转嫁的主要依据。如前文所述，代位求偿权的实现方式主要有双边投资协定和外交途径，以前者为优先考虑路径。然而，通过双边投资协定主张代位求偿权必须要以法律层面上的确立为必要条件。这就从另一侧面论证了将来我国在制定专门的境外投资保险制度时需放弃单边模式，转向以双边模式为主的混合模式。当条件具备时可以先与"一带一路"沿线国家签署投资协定，为今后的相关投资保险立法打下基础。此外，对代位求偿权的范围也应进一步作出详细规定。

（三）"一带一路"沿线高标准的国际投资协定的更新

中国与"一带一路"沿线国家签订的国际投资协定中，大多是出于政治和外交原因与发展中国家缔结的双边投资协定，随着"一带一路"合作的深化和我国在该地区投资的增多，发生争端的风险也在不断增加，一旦发生争端，我国投资者可能难以依据现有的投资协定获得充分保护。

另外，研究也显示，双边投资协定对我国企业境外并购的区位选择和投资规模在总体上并无显著影响。[1] 虽然这一结果有多方面的原因，但也从侧面印证了低水平的双边投资协定无法为参与"一带一路"建设提供保障。中国当前亟须以投资母国的身份启动与相关的"一带一路"沿线国家双边投资协定的升级谈判，使"双边投资协定不再是高高在上的具文，而是成为企业在遭受重大损失时能够救命的稻草"。[2]

---

[1] 刘青、陶攀、洪俊杰：《中国海外并购的动因研究——基于广延边际与集约边际的视角》，《经济研究》2017 年第 1 期，第 28-43 页。

[2] 韩冰：《"一带一路"建设亟须高水平投资协定护航》，《中国经济时报》2017 年 4 月 26 日，第 5 版。

与"一带一路"沿线国家商签投资协定，是在为有效防控投资风险提供国际条约保障。对其他"一带一路"沿线国家而言，国家经济发展水平并不完全是拒绝高标准投资协定的理由。以与美国缔结双边投资协定的"一带一路"沿线国家为例，23个"一带一路"沿线国家与美国签订了双边投资协定，① 虽然它们都是一些较为落后的发展中国家，但普遍接受了美国高度自由化的双边投资协定模式，它们签订的投资协定的内容与美国历次提出的投资协定范本高度重合，这也说明了经济发展水平低的国家也可接受高水平的双边投资协定。中国当年与这些国家签订水平较低的投资协定可能是由于时代条件的限制，如今在新的时代环境下中国应当争取与这些国家重新达成高标准的投资协定。

综上，重新缔结中国与"一带一路"沿线国家的投资协定，对"一带一路"建设中提高中国投资的保护水平具有重要意义。

（四）外汇储备支持和企业外汇风险防御相结合机制的健全

1. 优化外汇储备管理机制

外汇储备是保障"一带一路"建设资金融通的重要支柱。近年来，随着"一带一路"建设的推进，人民币在"一带一路"沿线国家的接受度逐渐上升，在部分国家的贸易计价、结算等方面的成就也有所突破。但与美元、欧元等主要国际货币相比，人民币国际化的程度仍然有限，尤其是"一带一路"沿线的主要伙伴对缔结货币互换协议、设立清算中心的兴趣不足。② 因此，短期内中国对"一带一路"沿线国家的投资贸易仍有赖于

① 美国贸易代表署网站（https://tcc.export.gov/Trade _ Agreements/Bilateral _ Investment _ Treaties/index. asp）列出了42个双边投资条约，其中23个包含在中国政府"一带一路"网（https://www.yidaiyilu.gov.cn/xwzx/roll/77298.htm）列出的国家中。

② 徐珊、潘峰华、曾贝妮：《人民币国际化的地缘空间格局研究》，《经济地理》2019年第8期，第1-11页。

外汇储备的支撑。

为使外汇储备在"一带一路"建设中持续发挥重要作用,外汇管理部门要建立健全风险管理体系,即将外汇储备的风险防范放在首位,以增强风险识别、评估和管理能力为目标,不断健全风险管理和内部控制框架,丰富和改善风险管理工具和手段。其次,要坚持安全、流动和保值增值的商业化经营原则,进行审慎、规范、专业的投资运作,在预期实现中长期财务可持续和较好的投资回报的前提下,可综合运用股权、债权、基金等方式,加强外汇储备多元化运用,积极支持"一带一路"框架下基础设施、资源开发、产业合作和金融合作等项目。最后,在"一带一路"地区投资和贸易发展过程中,要积极推进人民币计价和结算,通过人民币国际化降低外汇储备大规模波动的风险。

2. 完善外汇风险防御机制

完善外汇风险防御机制,应注意从以下几方面加以强化:

从政府角度来看,应当重视外汇衍生品市场的建立,其目的是为企业提供一个外汇风险对冲的良好平台。同时,应尽快完善衍生品交易信息披露制度,促使企业衍生品使用信息的公开化和透明化,便于投资者等外部人员了解风险对冲状况,也便于政府更好地监管企业的外汇风险对冲行为。

从金融机构角度来看,应当根据目前我国外汇衍生品市场发展不充分,特别是在"一带一路"建设背景下有关小币种的外汇衍生品业务始终存在较大空缺的情况,尽快丰富外汇衍生品的种类,适当地推出有关小币种的外汇衍生品,在完善我国外汇衍生品交易市场的同时,满足企业的外汇风险对冲需求。

从企业角度来看,应当充分重视外汇风险管理。在对冲策略选择上,企业应当同时注重运用经营性对冲和金融性对冲，特别是属于制造业行业的企业可以侧重于使用经营性对冲手段；在就跨国分散化经营做出决策时，应以适当的外汇衍生品保护方案作为配套，有效地控制外汇风险。

（五）合规培训与企业合规机制的完善

企业开展境外投资，应以境外投资阶段全流程合规为前提，严格遵守国内法律法规和监管要求，业务所涉国家（地区）政府关于贸易管制、外资准入、国家安全审查、行业监管和反垄断申报等方面的法律法规和监管要求，以及国际经营的惯例，确保合理有序开展境外投资活动，防范和应对境外投资风险。

目前，我国已经建立了政府主导的企业合规培训机制。但是，必须注意到企业是合规管理的主体。《合规指引》中提到的合规风险的识别、合规管理机制的设立和运行、合规风险的应对防范和合规文化的建设，都属于企业的主体责任。

在完善企业境外投资日常信息储备方面，可以建立投资项目信息及情报库、投资国别风险库、国别法规政策库和全流程风险库等。①

（六）投资安全保障机制的协同

要形成投资安全保障机制体系，必须在充分发挥各投资安全保障机制的作用的基础上，以数据共享、优势互补、注重实效为原则，积极推进各投资安全保障机制的协同。为此，可以从五方面建立协同关系：第一，以

---

① 投资项目信息及情报库，包含项目预期收益、风险、合作伙伴资质等信息；投资国别风险库，包含目标投资国别（地区）的政治、经济、社会、文化等风险；国别法规政策库，包含目标投资国别（地区）的行业监管政策与投资准入法规等；全流程风险库，包含同类项目开发、建设、运营、退出过程中面临的潜在风险。

制定统一的《境外投资法》和完善国际投资协定为枢纽，统率境外投资安全保障工作，为各投资安全保障机制的建设与完善提供指南；第二，加强信息互通，建立信息共享通报机制，充分发挥投资安全预警机制的引领作用；第三，应以投资协定执行为抓手，确保投资安全风险的市场化分配的顺畅进行和投资安全风险事故发生时救济的可及性；第四，强化应急联动，以商务部门为主，建立包括外交部门、发改委、司法部门、外汇管理部门、中国信保等部门参加的统一应急协调机制；第五，加强训练，形成一支可以有效应对投资安全法律问题的专家队伍。

四、结束语

"一带一路"投资安全风险保障机制应是一个境外投资安全风险管理的闭环。一个设计合理且运作良好的投资安全保障机制体系，应有助于我国企业识别与评估可能发生的政治、经济、社会、文化、市场、法律、政策等风险，进行风险预警，并制订风险应对方案；应引导鼓励企业做好投资保险，帮助其转嫁投资安全风险；应为投资安全提供国际条约的保障，帮助其遭遇风险时得到国际救济；应有助于企业在稳妥而积极投资时得到外汇融资，同时防御外汇风险；应指导企业做好合规训练和准备，完善合规机制，并且在此基础上加强各投资安全保障机制的协同，发挥优势，形成合力。唯有如此，"一带一路"建设的可持续发展才有可能。

第四章

"一带一路"能源安全保障机制

能源合作在中国与"一带一路"沿线国家之间合作占有重要地位，而能源安全又是其重中之重。俄乌冲突凸显了能源安全是当下"一带一路"能源合作机制的"阿喀琉斯之踵"。中国已经发布了《推动丝绸之路经济带和21世纪海上丝绸之路能源合作愿景和行动》，并在此基础上与有关国家已建立了旨在确保能源可获得性的能源供给合作机制。本书认为有必要以获得持续开发和获取能源供应的能力为目标，考虑硬化中国与"一带一路"参与国家之间的能源安全保障机制，中方可以考虑通过缔结条约的方式与有关国家建立一个多边能源安全的保障机制，还可以考虑加入《能源宪章条约》，建构具有法律约束力的能源安全保障机制。

一、保障能源安全是"一带一路"合作的动力

能源是人类社会发展的重要物质基础，攸关各国国计民生。当今世界能源形势正发生着复杂深刻的变化，为了应对气候变化，新一轮能源科技革命正在加速推进，全球能源治理新机制正在逐步形成。但与此同时，联合国提出的"人人享有可持续能源"的目标还远未实现，各国能源发展面临的问题依然严峻。对中国而言，中国的能源远不能自足。据研究，2019年，中国原油对外依存度达到72%，天然气对外依存度超过43%，[①] 能源供应的稳定

---

① 《BP世界能源统计年鉴》2019中文版。

安全对我国事关重大。不仅如此，中国的石油进口深受国际油气市场价格波动的影响。以乌克兰危机的影响为例，俄乌冲突爆发以来，国际油价一度飙升，中国每天进口超过 1000 万桶原油。即便按保守估计，2022 年全年进口油价平均为每桶 120 美元，进口量继续比上年减少 5%，但全年原油进口金额达 4327.48 亿美元，净增 1754.17 亿美元，相当于 2021 年全部贸易顺差的四分之一。换言之，2022 年中国贸易顺差可能出现多年来首次下降。更重要的是，如果国际油价长期维持高位，将不仅影响到交通运输领域，而且将会影响到制造业和农业领域，特别是化工行业，推高我国工农业生产成本，并传导到下游的消费端，形成通胀推力，从而对完成全年国内生产总值增长目标造成新的困难，更使得构建现代能源体系和实施可持续发展战略，如期实现"碳达峰、碳中和"造成不小的阻碍。

我国提出"一带一路"倡议，除了与沿线国家就国际基础设施发展展开合作之外，显然也有保障我国能源供给安全的考虑。事实上，自"一带一路"倡议提出以来，包括能源供给在内的能源合作一直是中国与"一带一路"沿线国家开展合作的"重头戏"，同时也为以油气管道为主的能源行业国际基础设施建设提供了契机。[①] 加强"一带一路"倡议下的能源安全合作，不但可以提升我国能源安全保障水平，而且可以提高区域能源资源优化配置能力，实现区域能源市场深度融合，促进区域能源绿色低碳发展，满足各国能源消费增长需求，推动各国经济社会快速发展，促进世界经济繁荣。

二、"一带一路"能源合作呼唤能源安全保障机制

为促进各国能源领域的务实合作，推进"一带一路"建设，中国国家

---

① 参见中国对外工程承包商会、中国出口信用保险公司：《"一带一路"国家基础设施发展指数报告（2019）》，第 8 页。

发展和改革委员会与国家能源局共同制定并于 2017 年 5 月发布《推动丝绸之路经济带和 21 世纪海上丝绸之路能源合作愿景与行动》① （以下简称《能源合作愿景与行动》）。《能源合作愿景与行动》的意义不言而喻，它是指导中国参与"一带一路"能源合作的政策宣示和行动指南。然而，毕竟这是我国单方面的文件，对于参与"一带一路"能源合作的其他国家没有法律上的约束力，"一带一路"能源安全保障呼唤刚性的机制。

"一带一路"能源安全保障机制的必要性体现在如下几个方面：

第一，从近期看，"一带一路"能源安全保障机制可以对冲俄乌冲突的负面影响。

自俄乌冲突爆发以来，美国和西方持续推动能源项下的对俄制裁，美国已经将俄罗斯能源巨头列入实体清单，将极大限制我国进口俄罗斯原油、天然气等渠道，并给任何与之交易的中国企业带来极高的二级制裁风险。

第二，从长远看，"一带一路"能源安全保障机制可以对冲美国战略竞争的影响。

地缘政治的影响是"一带一路"能源合作机制建设的最大障碍。随着中美贸易摩擦升级，美国对中国进行军事、经贸、金融、科技、人权等领域的全面打压。中东地区是中国油气资源进口的关键地区，中国十大原油进口来源国中有六个来自中东地区。美国以"伊核"问题和"支持恐怖主义"为名，通过《伊朗制裁法》打压伊朗及与伊朗进行石油交易的外国企业，② 意图重新塑造中东新秩序，挑起波斯湾冲突，而这严重威胁到了中

---

① 《坚持共商共建共享 深化"一带一路"能源合作——国家能源局有关负责人就〈推动丝绸之路经济带和 21 世纪海上丝绸之路能源合作愿景与行动〉答记者问》，available at http：//www.gov.cn/zhengce/2017-05/13/content_5193460.htm，2017 年 5 月 13 日。

② 参见孔庆江：《美国退出伊朗核协议后的新态势及我国企业的对策》，《中国经贸导刊》2018 年第 28 期，第 48-50 页。

国的油气安全。

另外，美国不仅有推行霸权的动机，而且有制约中国的意图。美国已成为世界最大的油气生产国，基本实现能源独立，这使其国际能源地位更加强势。全球主要油气运输线由美国军方力量所控制，美元是目前国际油气市场的主要结算工具，美国还拥有遍布全球的同盟体系，以美国为首的西方大国仍是当今国际能源秩序的制定者和主导者。

美国还拉拢盟国采取同样的政策。譬如，在 2021 年 6 月的七国集团（G7）首脑会议上美国总统拜登就呼吁发起"一带一路"的替代方案以制衡中国。① 再如，英国就在美国的蛊惑下，抛开一贯的市场准则，而借用扩大化国家安全概念对中国在英国能源领域的投资采取限制措施，产生了巨大的影响。2015 年，中广核与法国电力集团、英国政府签署了英国新建核电项目一揽子协议，其中布拉德维尔 B 项目将使用我国自主知识产权的三代核电技术——"华龙一号"。这是我国在欧洲最大的投资项目，也是我国企业首次主导开发建设西方发达国家核电项目。然而英国政府于 2016 年 6 月以该项目对英国国家安全可能构成威胁为由暂缓批准。虽然最终该投资项目得到批准，但延缓批准本身一度造成投资方的担忧和工程的延误。②

为此，必须找到可以对冲美国战略竞争对"一带一路"能源合作的破坏性影响的工具，而"一带一路"能源合作机制就是我们需要的工具。

第三，"一带一路"能源安全保障机制可以抵消政治不稳定因素的影响。

---

① 路透社：《美国高级官员称 G7 将提出全球基础设施新倡议 对抗中国的"一带一路"》，available at https：//cn. reuters. com/article/us-g7-global-infrastructure-plan-0612-idCNKCS2DO0B6，2021 年 6 月 12 日。

② BBC News：欣克利角核电站——政治考量与商业代价，available at https：//www. bbc. com/zhongwen/simp/uk-40484376，2017 年 7 月 3 日。

宗教极端主义在世界范围内不断蔓延，"一带一路"沿线地区部分国家恐怖活动猖獗，社会安全风险居高不下。阿富汗政局出现重大变数，美国急于脱身，撤出阿富汗。塔利班击败阿政府重新夺得政权，冲击外溢将是大概率事件。

另外，在"丝绸之路经济带"的核心区的中亚地区，各国内部问题日渐突出，内政不稳。① 2021-2022 年，在阿富汗变局、乌克兰危机等重大事件背景下，中亚地缘政治地位凸显，同时各国也面临较大的外部压力，中亚稳定受到一定影响。② 特别是近年来该地区反华势力抬头，中资企业成为被炒作的热点话题，周边安全形势不佳，中国与有关国家天然气合作的环境恶化并且挑战增多。

再如，在南亚地区，印巴因克什米尔归属问题而长期对峙，时有小规模的武装冲突发生，在未来酿成大规模的印巴战争并非不可能。与此同时，印度利用美对华政策的变化，蓄意挑起与中国的边境冲突③，破坏两国关系的动机明显。而作为"丝绸之路经济带"与"21 世纪海上丝绸之路"的交会点的中巴经济走廊正面临暴力恐怖主义、民族分裂主义和宗教极端主义"三股势力"带来的新的安全威胁。④ 例如，在中巴经济走廊建设项目比较多的俾路支省，曾多次发生针对中资目标和中国人员的恐怖袭击事件。未来，"一带一路"沿线能源合作的安全环境将趋于严峻。

我们需要寻找抵消"一带一路"沿线政治不稳定对"一带一路"能源

---

① 参见包毅：《中亚国家政治发展进程中的政治稳定与政治危机》，《俄罗斯东欧中亚研究》2016 年第 1 期。

② 苏畅：《从"边缘地带"到"枢纽地带"：中亚稳定的地缘政治视角分析》，《俄罗斯东欧中亚研究》2023 年第 3 期。

③ 林民旺：《最近一轮中印边境西段对峙的回顾与思考》，《世界知识》2021 年 3 月 18 日。

④ 参见丁建军：《巴基斯坦安全形势对中巴经济走廊建设的影响——以"三股势力"为中心》，《南亚研究季刊》2020 年第 4 期。

合作的负面影响的手段，而"一带一路"能源安全保障机制正是我们需要的手段。

第四，"一带一路"能源安全保障机制可以抵御突发的商业和法律风险。

突如其来的疫情，叠加冷战结束后地缘政治影响最大的俄乌冲突，使贸易保护主义抬头，国际金融市场动荡，大宗商品市场动荡，能源资源价格飙升，世界经济复苏更加乏力，这些使部分"一带一路"沿线资源型国家陷入困境。具体来说，沿线国家能源、交通、信息等基础设施建设严重滞后，能源合作项目实施过程中往往需要额外增加投入；尤其管线建设等能源基础设施项目投资规模较大且建设周期长，资金短缺已成为常态。一些国家外部债务增加，偿还能力十分有限，已成为掣肘能源合作的严重问题；加之"一带一路"沿线国家政局不稳，政策多变，会延缓和干扰项目的进展；且沿线多为经济转型国家，市场经济体制不完善，能源合作项目非正常损失巨大，投资回报问题日渐突出。

中国境外油气管线安全问题至今缺失多边法律保障。长期以来中国境外能源合作大多是以双边合作为主，中亚天然气管线是目前中国建设的唯一的多边天然气管线。自 2009 年 12 月投产以来已稳定安全运行 12 年多，截至 2011 年 3 月底，该管线累计输气量超 3460 多亿立方米。[①] 中亚天然气管线的修建和投入运营是上合组织框架下多边合作的又一典范，是能源出口国与能源进口国的一次共赢合作。[②] 但由于国家层面的多边安保机制和条约等法律保护手段缺失，其可持续运营已面临一定的潜在风险，而随着

[①] 参见李明、李辉慧：《2021 年一季度中亚天然气管道向中国输气超 100 亿立方米》，中国新闻网 2021 年 4 月 8 日。

[②] 强晓云：《上合组织多边合作的前景——管道合作视角的分析》，《上海商学院学报》2010 年第 2 期，第 42 页。

未来合作规模的扩大和深入，风险也将随之增加。

为此，我们需要寻找能够抵御"一带一路"能源合作所面临的商业和法律风险的工具，"一带一路"能源合作机制就是我们要寻找的工具。

第五，"一带一路"能源合作机制可以据此反击西方反华势力所谓"债务陷阱"① 和"环境破坏"② 的指责。

中国海外开拓面临巨大舆情环境压力的情况已成为常态。自中国提出"一带一路"倡议以来，西方反华势力一直持批评态度，诬称中国在借此建立自己的势力范围，无端指责"一带一路"为中国的"债务陷阱"外交。同时，为离间中国与"一带一路"参与国和潜在的参与国之间的关系，从而为中国推进"一带一路"建设设置障碍，美国在七国集团（G7）平台提出企图替代"一带一路"的基础设施伙伴关系计划。③

三、"一带一路"能源安全保障机制建设的现状

近年来，中国政府根据《能源合作愿景与行动》，与中亚国家开展能

---

① "债务陷阱外交"（Debt Trap Diplomacy）一词由印度学者布拉马·切拉尼（Brahma Chellaney）于 2017 年提出。切拉尼诬称，中国通过"一带一路"计划，向一些发展中国家政府提供巨额贷款，当这些国家无力偿还贷款时，它们就极易受到中国的影响，并且不得不将战略资产的控制权交给中国。参见 Brahma Chellaney, China's Debt-Trap Diplomacy, Project Syndicate, Jan. 23, 2017, available at https：//www. project-syndicate. org/commentary/china-one-belt-one-road-loans-debt-by-brahma-chellaney-2017-01. 后来这个概念在西方得到广泛的接受。例如，美国威廉玛丽学院下属研究机构援助数据（AidData）、全球发展中心、基尔世界经济研究所和华府智库彼得森国际经济研究所于 2021 年 3 月 31 日发布题为《中国如何放贷：与外国政府签订的 100 份债务合同的罕见调查》（ How China Lends：A Rare Look into 100 Debt Contracts with Foreign Governments ）的报告，也妄称中国从事"债务陷阱外交"。

② 随着"一带一路"这个全球基础设施与投资计划的不断推进，中国投资特别是对沿线国家火力电站的投资可能会加速"一带一路"沿线重点国家的排放增速。西方反华势力不顾中国提倡的绿色"一带一路"已经标志着中国为减少"一带一路"建设对温室气体排放和环境的负面影响正在做着充分的准备，片面指责"一带一路"建设破坏环境。

③ Carbis Bay G7 Summit Communique, JUNE 13, 2021, available at https：//www. whitehouse. gov/briefing-room/statements-releases/2021/06/13/carbis-bay-g7-summit-communique/

源合作并取得了丰硕成果：合作产业链从油气、铀矿等上游能源资源的开发与利用，延伸至石油炼化、输变电站建设等下游能源资源的综合利用；合作领域也从传统的化石能源，扩展至水电、风电、太阳能等可再生能源及新能源。在众多中亚能源合作项目中，最重要的为中哈油气管道和中国–中亚天然气管道。① 为了促进"一带一路"能源合作向更深更广发展，中国政府不断推进与有关国家的"一带一路"能源合作，积极参与联合国、二十国集团、亚太经合组织、上海合作组织、金砖国家、澜沧江–湄公河合作、大湄公河次区域、中亚区域经济合作、中国–东盟、中日韩–东盟、东亚峰会、亚洲合作对话、中国–中东欧国家合作、中国–阿盟、中国–海合会等多边框架下的能源合作。比如，中国加强与国际能源署、石油输出国组织、国际能源论坛、国际可再生能源署、国际能源宪章组织、世界能源理事会等能源国际组织的合作；积极实施中国–东盟清洁能源能力建设计划，推动中国–阿盟清洁能源中心和中国–中东欧能源项目对话与合作中心建设；继续发挥国际能源变革论坛、东亚峰会清洁能源论坛等平台的建设性作用；另外，中国–阿盟、中国–非盟和中国–中东欧三大能源合作中心正在建设中。为此，中国与有关国家签署能源合作文件多达百余份，并与 10 多个国家和地区对接能源合作规划。

值得注意的是，在 2018 年举办的"一带一路"能源部长会议和国际能源变革论坛期间，中国、土耳其、阿尔及利亚、阿塞拜疆、马耳他、老挝、缅甸、巴基斯坦等 18 个国家共同发布了《共建"一带一路"能源合

---

① 中国–中亚天然气管道起于阿姆河右岸的土库曼斯坦和乌兹别克斯坦边境，经乌兹别克斯坦中部和哈萨克斯坦南部，从霍尔果斯进入中国，成为"西气东输二线"。管道全长约一万千米，其中土库曼斯坦境内长 188 千米，乌兹别克斯坦境内长 530 千米，哈萨克斯坦境内长 1300 千米，其余约 8000 千米位于中国境内。管道分 AB 双线敷设，单线长 1833 千米，是世界上最长的天然气管道。在 30 年的运营期内，每年将从中亚地区向中国稳定输送约 300 亿立方米的天然气，相当于 2007 年我国国内天然气总产量的一半左右。

作伙伴关系部长联合宣言》（以下简称《宣言》），① 目标是 2019 年正式建立"一带一路"能源合作伙伴关系。

从现状看，已经建立或正在尝试建立的"一带一路"能源合作机制有以下几种形式：

一是能源项目合作机制。这是最初级的能源合作机制。中国与有关各国一道，本着互利共赢的原则，共同确定了一批能够照顾各方利益的能源项目②，建设地区能源合作中心③，旨在建立基于市场机制的稳定的能源供应合作机制。

二是双边联合工作机制。尝试建立完善的双边联合工作机制，共同协调制订能源合作的实施方案、行动路线图，推动能源合作项目实施。

三是尝试建立沿线能源共同市场。利用经济手段，积极推动各国扩大在上海石油期货交易所进行的议价合作，推动沿线国家油气交易价格形成机制，旨在最后在"一带一路"沿线建设涵盖市场、价格、运输的能源共同市场。

四是"一带一路"能源俱乐部。建设能源俱乐部的设想已被写入《能源合作愿景与行动》。事实上，早在 2013 年就建立了上海合作组织能源俱乐部。④ "一带一路"能源俱乐部可以建立在此基础上，也可以独立于上海

---

①　《共建"一带一路"能源合作伙伴关系部长联合宣言》，2018 年 10 月 18 日于"一带一路"能源部长会议、国际能源变革论坛联合开幕式上发布。

②　例如，根据俄罗斯石油公司（rosneft oil）官网 2022 年 2 月 4 日消息，该公司与中国石油天然气集团（china national petroleum corporation，cnpc）签署过境哈萨克斯坦向中国供应 1 亿吨石油的协议，协议期为 10 年。

③　中国-阿盟、中国-非盟和中国-中东欧三大能源合作中心正在建设中。

④　2006 年 6 月，在上海合作组织上海峰会上，俄罗斯总统普京提出了"建立上海合作组织能源俱乐部"的倡议。2013 年 12 月上海合作组织能源俱乐部正式成立，成为上合组织框架下发展和扩大能源合作的开放性多边平台，目前成员包括中国、俄罗斯、哈萨克斯坦、塔吉克斯坦、印度、巴基斯坦、蒙古、阿富汗、伊朗、白俄罗斯、土耳其和斯里兰卡。

合作组织能源俱乐部。

然而，不难看出，《"一带一路"能源合作伙伴关系合作原则与务实行动》建立的机制还处于初级阶段，更多表达的是一种共建合作伙伴关系的意愿。而且，在《宣言》基础上建立的现有"一带一路"能源合作伙伴关系，缺乏制度和国际规范层面的安排。为了保护和巩固中国在"一带一路"沿线国家的能源安全，中国需要一个有约束力的法律机制，将《能源合作愿景与行动》转化为具有国际法效力的条约，确保落实能源安全保障。另外，作为崛起的大国和"一带一路"倡议国，中国有义务也有能力引导有约束力的能源安全保障机制的形成。

四、能源安全和"一带一路"能源安全保障机制的内涵

（一）能源安全的内涵

能源安全包括以下四方面：

第一，物质安全——能源资产、基础设施、供应链和贸易路线（尤其是油气管线）的安全以及紧急情况下必要和反应迅速的能源资产、基础设施、供应链和贸易路线的替代方案。

第二，持续获取能源供应的能力，不论是物质上的，还是合同上的，抑或是商业上的开发和获取能源供应的能力。

第三，以维持能源供应的稳定性为目标，对于能源供应中断、能源价格暴涨等紧急情况迅速作出反应和应对的能力。

第四，能源安全与贸易的自由化和投资安全保障紧密相关，需要打造一个具有可预见性的商业环境，促进贸易、鼓励投资，确保充足和及时的能源供应。

需要说明的是，广义的能源安全不仅仅局限于化石类能源煤油气供应和煤油气价格安全，也及于新能源，甚至及于能源技术安全，包括保护己方新能源开发、能源使用效率和节约能源相关的技术的开发、维护能力，以及获取他方先进能源技术的能力。能源安全也牵涉气候变化或环境安全问题，当今气候变化和环境政治的困难因素主要在于能源的生产和消费方式落后。节能减排、低碳经济、清洁能源发展，已经成为能源技术革命和全球能源结构变化的主要发展方向。

（二）构建刚性的"一带一路"能源安全保障机制的核心内涵

"一带一路"能源安全保障机制是一种确保中国和"一带一路"沿线有关国家获得持续开发和获取能源供应的能力的系统或体系。"一带一路"能源安全保障机制应至少具备以下内涵：

第一，参与国家之间的能源贸易畅通。"一带一路"能源合作机制应能帮助参与国家实现能源资源贸易便利化，降低交易成本，实现能源资源更大范围内的优化配置，增强能源供应抗风险能力，帮助推动开放、稳定的全球能源市场的形成。

第二，包括参与国家之间的能源产能合作在内的活跃的能源投资合作。"一带一路"能源合作机制应有助于各国开展提高产能的能源装备和工程建设合作，帮助参与国家推进并深化能源投资合作，加强金融机构在能源合作项目全周期的深度参与，提高能源全产业链发展水平，加强参与国家之间的能源基础设施互联互通。"一带一路"能源合作机制应能帮助参与各国增进能源基础设施互联互通、完善和扩大油气互联通道规模，共同维护油气管道安全。

五、构建刚性的 "一带一路" 能源安全保障机制的路径

构建刚性的 "一带一路" 能源安全保障机制，需要参与国家就能源发展和安全进行充分交流和协调，协商能源安全保障中的问题，以条约义务的方式落实安全保障规划和实施方案。

创建条约性质的安全保障机制，需要创制国在标准、规则、文化等方面拥有巨大的软实力。而与欧美发达国家成熟的国际化运作能力相比，中国软实力方面明显不足。在这种情况下，更便捷的路径是：基于渐进的原则，通过条约方式与有关国家建立一个多边能源安全的保障机制，然后在适宜时机加入《能源宪章条约》，建构具有法律约束力的紧密合作机制。

1. 商签多边管线合作协定，构建多边能源安全保障机制

境外多边油气管线的安全运营缺乏国际法律保障，已经成为影响中国能源安全的重要因素，签署国家层面的多边安保条约已势在必行。但搭建境外管线国家层面的多边安保平台是一个复杂的系统工程，需要积极推进各方在利益共享、责任共担的基础上构建。可通过适度向资源国、过境国开放中国能源下游产业的方式，将各方利益牢固捆绑，与相关国家签署具有法律约束力的多边管线合作协定，共同维护管道安全。

就形式而言，既可以商签区域管道安全保障合作协定，又可以考虑商签派驻安全部队协定。商签派驻安全部队协定是可以考虑的。适当的时候，可考虑与中亚油气管道沿线国家商签派驻安全部队的协定，以保卫油气管道安全。

2. 加入《能源宪章条约》，直接利用其具有法律拘束力的能源贸易和投资合作机制

（1）《能源宪章条约》及其在成员国能源合作中的作用

《能源宪章条约》起源于冷战结束后，激烈的政治格局变化使西方世界和苏联国家间的能源合作产生了可能。在这种背景下，为了促进能源领域的投资以及保证能源贸易与过境所需的法律稳定性，也为了促进能源市场改革和提高能源效率，人们开始考虑制定后来被称为《欧洲能源宪章》的政治宣言。①随后在此基础上进行的谈判最终形成了具有法律约束力的《能源宪章条约》。②该条约涵盖了国际能源合作的所有形式，即投资、贸易、过境运输和能源效率；同时也是促进和保护外国投资的首个有约束力的多边协议，包含了所有重要的投资问题，并提供了高标准的保护，建立了一个成熟的争端解决机制。

《能源宪章条约》的贸易条款最初是与 WTO 的前身——当时的关税贸易总协定（GATT）的贸易体制挂钩的。随着 WTO 的产生，WTO 的规则则成为该条约的贸易规则。

在能源的过境运输上，《能源宪章条约》包含了关于能源过境运输的一般条款（第 7 条），概括地规定了过境运输自由（freedom of transit）和非歧视原则。在这里，能源过境自由的原则被解释为不得无理拖延、限制或收费，以及不因能源产品的来源、目的地或所有权而歧视。

在能源效率和相关环境问题上，《能源宪章条约》规定每一个缔约国应以经济有效的方式，努力减少其境内能量循环的所有活动对环境产生的有害影响。

在投资促进和保护方面，《能源宪章条约》的目的在于确保为宪章成员

---

① 《欧洲能源宪章》作为一个政治宣言，于 1991 年 12 月由 56 个国家在海牙签署。宪章代表了在发展开放和高效能源市场的原则下，在能源领域合作的政治承诺。它倡导为在非歧视基础上为鼓励私人投资流动和私营企业参与而创造条件。最后，宪章确认了尊重国家对于自然资源拥有主权的原则，并承认了环保和节能政策的重要性。

② 《能源宪章条约》于 1994 年 12 月 17 日在里斯本签署，并于 1998 年 4 月 16 日生效，绝大部分"一带一路"沿线国家均为成员国。

所在范围内的能源领域的投资营造一个公平竞争环境，以便降低与能源领域投资相关的非商业风险。在非歧视原则的基础上，保护属于其他成员国的投资者的能源相关的投资。通过成为条约缔约方，该国需承诺将国民待遇和最惠国待遇两者中较优惠者延伸至来自其他签署国的投资者在能源领域的投资。该条约禁止征收或同等措施，除非是在特定条件下，并且在强制征收后，东道国应支付及时、充分和有效的补偿。其他条款确认了投资者与投资相关的现金转移的权利，以及将权利转让给代位求偿机构的权利。

《能源宪章条约》通过为跨境能源关系创造一个稳定的、广泛的和非歧视的法律基础，降低了转型经济中与经济活动相关的政治风险。最重要的是，该条约为不同文化、经济和法律背景下的国家之间建立了经济同盟，它们因实现共同的目标的承诺而联系在一起。

《能源宪章条约》设立的机构，尤其是宪章大会，为成员国之间就国际能源合作的各方面提供了一个非常宝贵的持续的讨论平台。

（2）建立以《能源宪章条约》为基础的能源安全保障机制

国际能源宪章组织作为一个以推动国际多边能源合作为目的的政府间国际能源组织，其核心是《能源宪章条约》。中国目前尚不是《能源宪章条约》的缔约国，而只是能源宪章大会的观察员。因此，中国与"一带一路"国家之间的能源合作关系不受该条约的支配，但不排除中国和有关国家加入《能源宪章条约》的可能性。

虽然《能源宪章条约》不是一个直接关乎能源安全保障的条约，但该条约通过设置有关能源贸易自由化、过境安全和能源投资保护纪律和规则，为能源安全提供了事实上的保障机制。建议我国适时加入《能源宪章条约》，以此在"一带一路"沿线国家和其他相关国家之间构建具有法律拘束力的安全保障机制。理由如下：第一，处于"丝绸之路经济带"核心区的中亚国家为《能源宪章条约》的缔约国，如哈萨克斯坦、吉尔吉斯斯坦、乌兹别克斯坦、土库曼斯坦等。加入《能源宪章条约》自然就能为中国—中亚天然气管道提供制度性的多边安全保证。第二，中国加入该条约，自然就成为位于"丝绸之路经济带"核心区的中亚国家制度层面上的伙伴，而不仅仅是作为能源合作的出资方。第三，《能源宪章条约》的制度性机制可以替代前述的所有能源合作机制并发挥其作用。

六、结束语：刚性的"一带一路"能源安全保障机制的前景

当前，中国能源与世界能源发展高度关联。加强"一带一路"能源安全保障既是中国能源发展的需要，也是促进有关国家能源合作的需要。中国正在以"一带一路"能源合作为主，持续不断地推进国际能源合作，深度融入世界能源体系，在力所能及的范围内承担更多的责任和义务，为全球能源发展做出更大贡献。

以获得持续开发和获取能源供应的能力为目标，加快刚性的"一带一路"能源安全保障机制构建，有助于共同打造开放包容、普惠共享的能源利益共同体、责任共同体和命运共同体。

保护"一带一路"沿线输油气管道的安全，已成为保障中国能源安全和推进"一带一路"能源安全保障的迫切任务，商签中国与有关国家之间的多边安保条约，已凸显其迫切性。另外，如果中国能尽早加入《能源宪章条约》，该条约将成为中国与"一带一路"沿线国家之间天然的、刚性的能源合作机制，极大地促进"一带一路"能源合作；与此同时，中国也可借此为完善全球能源治理发出中国声音，贡献中国智慧。①

---

① 在部分写作过程中，得到博士后王楚晴博士的帮助

第五章
"一带一路"投资争议解决机制

随着"一带一路"倡议的不断推进，中国对"一带一路"沿线国家进行投资已成为常态。然而，除了参与的有关欧盟国家、部分东南亚国家和海湾国家委员会成员外，"一带一路"沿线大部分国家的信用评级并不理想，甚至有些国家由于其不透明的国内政治法律体系，根本没有信用评级，其投资环境还存在很多问题。这预示着对这些国家进行大规模投资存在极大的风险。如何保障投资者的合法权益愈发成为亟待解决的重要问题。在双边和多边合作机制下，建立协调统一的国际投资争端解决机制，是保障投资安全、降低投资风险最为重要的方式之一。目前的投资者—国家争端解决（ISDS）机制作为国际投资争端解决机制最为重要的组成部分，一直以来都饱受质疑和批评，而"一带一路"沿线国家不同的政治、文化、法律环境、投资信用评级等因素，使得在"一带一路"沿线国家范围内推进投资者–国家争议解决（ISDS）机制的改革与发展愈发困难。构建一个服务于"一带一路"建设的国际投资争议解决机构及配套机制，对于我国继续推进"一带一路"建设，保障我国对外投资安全而言都极为重要，同时也有助于改善这些国家的投资环境。我国现已有不少的仲裁机构修改了仲裁规则，可以审理投资者与国家之间的投资争议。中国国际贸易促进会、中国国际商会联合多国商会设立的非政府间国际组织（国际商事争端预防与解决组织，ICDPASO）也可处理投资争议，然而，它们也不是解决投资者与国家之间的投资争议的适宜机构。本章建议在亚洲基础设施投资银行下设立投资争议解决机构（ACSID）。

一、设立服务于"一带一路"的区域性性质的投资争议解决机制的必要性

（一）大量的投资争议的涌现

就目前而言，涉及中国或中国投资者的国际投资争议屈指可数。据报道，自 2007 年出现首起案件，中国投资者迄今一共发起过 7 起投资者-国家争端解决案件，而针对中国发起的投资者-国家争端解决案件更少。尽管迄今为止中国在投资者-国家争端解决案件中的参与度较低，但这些活动都发生在近年。并且，这不等于我国投资者与东道国之间的争议就限于这些，因为还有不少投资争议没有发展到投资仲裁的环节。比如，中国交通建设公司斯里兰卡科伦坡港口开发引起的争议、中远集团海运公司收购希腊比雷埃夫斯港项目引起的争议，这些都没有上升到仲裁程序。随着"一带一路"建设的推进、中国企业的走出去和中国经济的增长，投资争议的数量在未来几年预计将会上升。尤其是"一带一路"倡议可能会为中外投资者在"一带一路"倡议相关项目中创造前所未有的机会。但由于政治动荡、对外来投资的敌视及不同的法律传统和期望，随之而来的必然还有面临纠纷的重大风险。预计未来几年我们将见证"一带一路"倡议相关的投资争议数量上升，潜在的大量投资争议呼唤投资争议解决机制的建立。

（二）现行投资争议解决机制力有不逮

1. ISDS 的局限性

（单位：亿美元）

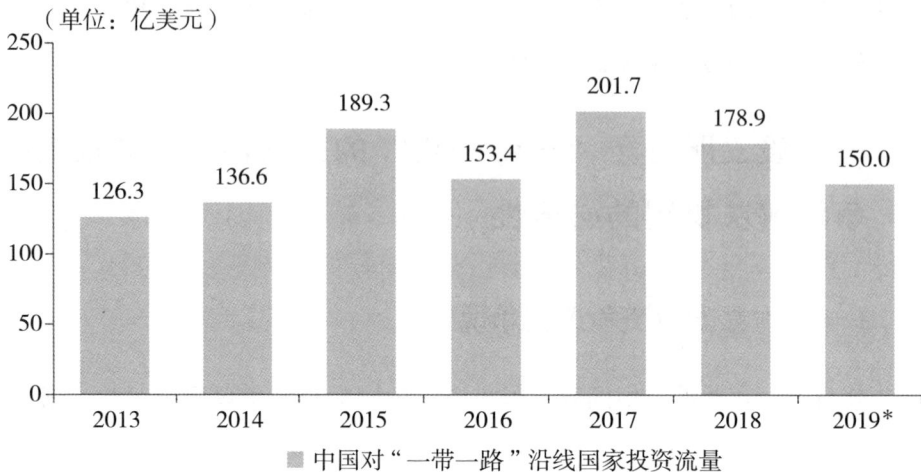

中国对"一带一路"沿线国家直接投资流量情况

资料来源：商务部网站

　　据联合国贸易和发展会议（简称"贸发会议"或UNITAD）研究，截止到2017年6月15日，中国缔结的双边投资条约（Bilateral Investment Treaties，BITs）有129个，含有投资条款的自由贸易协定（FTAs with Investment Provisions）有21个，这些协定大多数是20世纪90年代缔结的投资协定，对以国际仲裁方式解决投资争议的态度还比较保守，虽然大部分协定都包含ISDS条款，但相当比例的ISDS条款对可以寻求仲裁解决的事项设有限制，这些条款往往仅限于征收补偿的数额问题，因此，实际上限制了这些投资协定用于解决与"一带一路"建设相关的投资争议的范围。而且，"一带一路"沿线的部分国家尚没有与中国缔结投资协定，[1] 中国投资者与这些国家发生的投资争议，完全无法诉诸国际投资仲裁机构。

----

　　[1] "一带一路"沿线有12个国家尚未与中国订立任何形式的国际投资协定，这12个国家包括：1. 阿富汗；2. 巴勒斯坦；3. 东帝汶；4. 孟加拉国；5. 尼泊尔；6. 马尔代夫；7. 伊拉克；8. 不丹；9. 约旦；10. 拉脱维亚；11. 波黑；12. 黑山。

ISDS 机制的具体运行平台有很多。以使用频率排序，有世界银行集团（World Bank Group）属下的解决投资争端国际中心（ICSID）、根据联合国贸易法委员会（UNCITRAL）仲裁规则特设的仲裁庭、国际商会仲裁院、斯德哥尔摩商会仲裁院、开罗国际商事仲裁区域中心等。除此之外，一些投资协定也会自己设立一些专门的仲裁机构，其中，最重要的是根据 1965 年订立的《关于解决国家与其他国家国民之间投资争端公约》（又称《华盛顿公约》）① 成立的 "解决投资争端国际中心"（ICSID）。ICSID 管辖范围适用于前述公约缔约国（或缔约国向中心指定的该国的任何组成部分或机构）和另一缔约国国民之间直接因投资而产生并经双方书面同意提交给中心的任何争端。客观上，只要 ICSID 公约的两个缔约国之间缔结了所谓的投资条约并在条约中规定一缔约国和另一缔约国国民之间因投资发生的争端交由 ICSID 解决，ICSID 即可对该争端行使管辖权。进入 21 世纪之后，ICSID 在国际舞台上的作用越来越明显，以 2013 年为例，50%以上的 ISDS 机制运用都是根据 ICSID 公约（适用于两国皆为成员国的情况）及其附加规则（适用于仅有一国为成员国的情况）开展的。ICSID 在处理争端数量上已经超出世界贸易组织的争端解决机制。② 除国际投资活动增加的大前提外，ICSID 独特的仲裁体制是其得到肯定与重视的主要原因。

ICSID 是 159 个缔约国解决投资争议的重要手段，但可惜的是，"一带一路" 沿线的俄罗斯、塔吉克斯坦、吉尔吉斯斯坦、波兰、泰国、缅甸、

① 《关于解决国家与其他国家国民之间投资争端公约》（ICSID）的英文版可见于 https：//icsid. worldbank. org/resources/rules-and-regulations/convention/overview 最后访问日期：2020 年 9 月 24 日。

② 自 1995 年 1 月 1 日 WTO 成立，WTO 争端解决机构共处理和正在处理的案件有 596 件。ICSID 自 1965 年成立以来，案件总数达到 807 件，虽然年平均 10 余件，但 2017 年案子数目年超 40 件。https：//www. wto. org/english/tratop_e/dispu_e/dispu_e. htm 最后访问日期：2020 年 9 月 24 日，https：//icsid. worldbank. org/cases/case-database 最后访问日期：2020 年 9 月 24 日。

文莱、老挝、不丹、印度、伊拉克、巴勒斯坦、索马里、埃塞俄比亚和马尔代夫等国尚不是缔约国，限制了 ICSID 在"一带一路"中的可适用性。

另外，需要指出的是，包括 ICSID 在内的 ISDS 本身也存在着缺陷，如 ISDS 对于国家政策变动、体制变革的适应程度非常低，而且在透明度、仲裁庭的自由裁量权、同类争议裁决的连贯性、仲裁员资格等方面存在问题，因此它的合法性会受到质疑。另外，ISDS 裁决中常见的巨额赔偿要求可能给国家带来难以承受的经济负担。现有 ISDS 机制的这些不足在一定程度上也会对"一带一路"沿线国家使用包括 ICSID 在内的 ISDS 机制的意愿产生影响。

2. 现行国内商事仲裁机构的局限性

近年来，国际投资争议解决出现了一些新趋势，如通过商事仲裁机构解决投资争端。"一带一路"域内已有一些商事仲裁机构可受理投资争端，包括新加坡国际仲裁中心、迪拜国家金融中心–英国伦敦国际仲裁院等。另外，我国的中国国际经济贸易仲裁委员会、北京仲裁委员会（北京国际仲裁中心）、深圳国际仲裁院近年来纷纷引入仲裁规则，确保自己可以受理一国政府与他国投资者之间的投资争议仲裁案件。

但无论是"一带一路"沿线国家国内的商事仲裁机构还是中国国内的商事仲裁机构，对处理投资者与国家之间的投资争议存在着先天不足。母国投资者对东道国国内的商事仲裁机构在处理投资者与本国政府之间争议的独立性存在不信任，东道国政府对投资者母国的商事仲裁机构在处理投资者与该国之间争议的独立性也存在信任问题。这都影响投资争议的双方使用国内商事仲裁机构的意愿。总之，现有的国内仲裁机构无法很好地承担起解决"一带一路"沿线投资者与东道国之间的投资争议的责任。

3. 主要服务于"一带一路"商事争议解决的国际组织的局限性

在"一带一路"建设背景下，中国贸促会、国际商会和有关国家的商会已于 2020 年 10 月 15 日正式设立国际商事争端预防与解决组织（ICDPASO）。其理论上作为一个争议解决的国际组织，主要是处理与"一带一路"建设有关的中国投资者与"一带一路"沿线国家之间的投资争议。虽然是各国非政府机构共同成立的国际组织，但众所周知，国际商事争端预防与解决组织是由中国半官方的机构主导设立的，由我国有关部门依据中国法律在中国予以注册设立，该机构的普遍性、代表性和合法性要得到沿线国家的认可，尚需要时日。"一带一路"是一种新型区域经济合作形式，因而"一带一路"投资争议解决机制的建设，需要倾听沿线国家的声音，在得到大多数沿线国家的认可之前，不适宜处理我国投资者与其他国家之间的争议。因此，"一带一路"沿线国家政府对该中心处理中国投资者与沿线国家的投资争议存有疑虑，也是可以理解的。另外，国际商事争端预防与解决组织主要还是一个解决"一带一路"商事争议的机构，因此，处理投资争议并非名正言顺，对于"一带一路"有关的投资争议解决而言，其具有一定局限性。

4. 国际调解院

2022 年，中国与印度尼西亚、巴基斯坦、老挝、柬埔寨、塞尔维亚、白俄罗斯、苏丹、阿尔及利亚、吉布提等国家签署了《关于建立国际调解院的联合声明》，将共同发起建立国际调解院。国际调解院将是一个由各方共同协商建立的、以条约为基础的政府间国际法律组织，致力于专门提供调解服务，为各类国际争端提供友好、灵活、经济、便捷的解决方案。国际调解院是对现有争端解决机构和争端解决方式的有益补充，也将为和平解决国际争端提供一个新的平台。

作为国际组织的国际调解院还在筹备中，目前有意愿参加的国家数量不多，要发展为一个具有普遍性的有吸引力的争端解决机构尚需时日，而要使未来的国际调解院成为"一带一路"投资争端的解决场所，更需要我们拭目以待。

（三）设立 ACSID 的利益

前面阐述了需要建立"一带一路"投资争议的法律解决机制的必要性和现存机制的不足，本书在此提出一个新的"一带一路"投资争议解决机构的方案。考虑到"一带一路"建设首先是与基础设施相关的，而亚洲基础设施投资银行（以下简称"亚投行"）在一定程度上对"一带一路"的基础设施互联互通可起到资金支撑作用①，参照世界银行设立 ICSID 的经验，本书提出设立"亚洲基础设施投资银行投资争端解决中心"（ACSID）。ACSID 将依托于亚投行这一区域性国际组织的平台，借助于基础设施投资与投资争议解决的密切联系，打造一个服务于"一带一路"的，具有国际性、专业性和独立性的新型投资争议解决中心。下面将具体讨论 ACSID 的设立所能带来的益处。

1. 有利于亚投行自身及其宗旨的实现

（1）ACSID 的设立，有助于亚投行的持续发展。作为区域多边开发机构，亚投行致力于支持亚太地区基础设施的建设。2015 年，已有 57 个意向创始会员国正式签署《亚洲基础设施投资银行协定》（以下简称《亚投行协定》）。② 亚投行现已正式开展业务五年，可以预期，随着亚投行业务

---

① 亚洲基础设施投资银行（Asian Infrastructure Investment Bank，简称亚投行，AIIB）是一个政府间性质的区域多边开发机构。重点支持基础设施的互联互通，成立宗旨是为了促进亚洲区域的建设互联互通化和经济一体化的进程，并且加强中国及其他亚洲国家和地区的合作。其是首个由中国倡议设立的多边金融机构，总部设在北京，注册资本 1000 亿美元。

② 亚投行协定（Asian Infrastructure Investment Bank Articles of Agreement）的英文版和中文版，可见于该行网站 http://www.aiib.org。

在"一带一路"沿线国家的进一步展开，各种争议也会伴随而来。从世界银行的实践来看，只有拥有从融资途径到担保机构再到独立的争端解决机构这样完整的制度体系，才能够保障区域多边开发机构的长远发展。[①] 从一定程度上说，亚投行是否能够在众多多边区域性开发机构中脱颖而出、永续经营，取决于这些争端能否有效和公平地得到解决，取决于亚投行整个制度框架是否能够博采众长、不断完善。设立 ACSID 能为亚投行成员国与银行贷款的利益相关者之间的争端提供独立、公正、有效的解决之道，有助于提高亚投行治理水平和声誉。

（2）亚投行是中国倡议设立的，虽然不是为"一带一路"建设专设的国际开发银行，但在中国倡议"一带一路"建设的背景下，亚投行对"一带一路"的基础设施互联互通可起到资金支撑作用，这是可以预计的，也是责无旁贷的。如果能有专门的 ACSID 投资争议解决机制，那么对于亚投行主导的投资项目也会起到很好的保护作用。

2. 有利于"一带一路"建设

（1）设立 ACSID 有助于解决"一带一路"建设中发生的投资争议，在"一带一路"建设中发挥判定纠纷的制度性公共产品的独特作用。因其在解决争议方面的高效，相对于司法解决途径，包括仲裁在内的替代性争端解决途径（ADR）是被最频繁使用的争端解决手段。[②] 而专门的投资争议的解决无论是从专业性上还是从效率方面来说都能更好地解决投资者和东道国之间的争议。

（2）ACSID 的设立有助于"一带一路"国际法治的健全。"一带一路"倡议的构建并非以国际条约为基础，而更多的是一种"政策治理"模

---

① 宇文沛：《亚投行争端解决机制发展建议》，《北方经贸》2016 年第 8 期，第 133 页。
② 见 Bryan Garner（ed.），2009，Black's Law Dictionary Ninth Edition, Thomson Reuters, "alternative dispute resolution"条目，p. 91.

式，侧重于"单向实惠"，这有别于权利义务明确对等的"规则治理"模式。这种"政策治理"模式存在着规制性不足的问题。① ACSID 争议解决机制或许可以弥补并加强这一部分的不足。"一带一路"以社会契约为关键，坚持"规则导向"为核心。② 而"一带一路"社会契约价值又分为形式主义的法治和实质主义的法治。③ 形式主义的法治要求有法可依，这个"法"须包含"可用性"和"可执行性"。并且，"法"的制定过程也应该是民主的。实质主义的法治应以法治理念为核心。在国际法治下，法治理念除了权利平等、社会自治以外，更需要对国内法治的更新，使之符合国际社会的共同法治。④ 目前，以政策治理为主的"一带一路"倡议，已经形成了"和平合作、开放包容、互学互鉴、互利共赢""共商、共建、共享"等一系列构建原则和理念。⑤ 所以，"一带一路"倡议已经具有一定的实质主义的法治，而缺乏的是形式主义的法治。如果中国的"一带一路"倡议可以尝试建立一个区域范围内，以规则为基础的兼具协调统一和开放包容特点的投资者—国家争端解决机制⑥，则等同于构建了形式主义的法治，这对于提高"一带一路"国际法治的声誉是大有裨益的。

3. 其他附带的益处

（1）中国的多个城市如香港和上海正在致力于建设国际法律和争议解

---

① 王燕：《区域经贸法治的"规则治理"与"政策治理"模式探析》，《法商研究》2016 年第 2 期，第 168 页。

② John H, Jackson, The Perils of Globalization and the World Trading System, Fordham International Law Journal, Vol. 24, 2000, pp. 375-378.

③ 何志鹏：《国际社会契约：法治理念的现实涵摄》，《政法论坛》2013 年第 3 期，第 23-38 页。

④ 赵骏：《全球治理视野下的国际法治与国内法治》，《中国社会科学》2014 年第 10 期，第 81 页。

⑤ 《推动共建丝绸之路经济带和 21 世纪海上丝绸之路的愿景与行动》，可见于 http://news. xinhuanet. com/gangao/2015-06/08/c-127890670. htm，最后访问时间：2020 年 9 月 24 日。

⑥ 董静然：《"一带一路"倡议下投资者——国家争端解决机制研究——基于欧盟国际投资法庭制度的考察》，《江苏社会科学》2018 年第 1 期，第 178 页。

决服务中心。上海多年来一直致力于建设国际仲裁中心，[①] 也在中国（上海）自由贸易试验区先后引进香港国际仲裁中心（HKIAC），国际商会仲裁院（ICC），和新加坡国际仲裁中心（SIAC），但由于地方政府的能力限制，效果不甚明显。香港特别行政区修改了《仲裁条例》，要巩固香港的亚太区国际法律及解决争议服务中心地位。[②] ACSID 在中国的设立，不论其在上海还是香港，均有助于确立起中国"一带一路"国际争议解决中心的地位。

（2）设立 ACSID 有助于国际投资争议解决秩序的合理化。世界银行体系内的 ICSID 是国际投资领域现有唯一的专门性国际争议解决中心。但 ICSID 传统上倾向于保护投资者而忽视东道国规制投资的正当性，一直受到发展中国家诟病，甚至在发达国家也出现改革该中心屏蔽公众监督和排除司法审查的程序的呼声。[③] ACSID 的设立，其意义不仅是为"一带一路"沿线提供投资争议解决机制，也为国际社会提供可供选择的一个投资争议解决中心，更重要的是在扩大中国与亚太其他发展中国家在国际投资争议解决领域的话语权。

总而言之，相较于各种现行的争端解决机制，ACSID 更有助于解决"一带一路"建设中发生的投资争议，在"一带一路"建设中发挥着作用。

---

① 2013 年 4 月 11 日上海成立"上海国际仲裁中心"，目的是将上海打造为国际仲裁中心，服务于上海"国际经济中心、国际金融中心、国际贸易中心、国际航运中心"的建设。

② 香港律政司司长袁国强 2016 年 1 月 25 日在香港立法会致辞："巩固香港作为亚太区国际法律及解决争议服务中心地位"，见新华社 http://news.xinhuanet.com/gangao/2016-01/25/c_1117890504.htm。

③ Sergio Puig, Recasting ICSID's Legitimacy Debate: Towards a Goal-Based Empirical Agenda, 36 Fordham International Law Journal Vol. 36（2013），p. 465.

二、设立亚洲基础设施投资银行投资争议解决中心的可行性

（一）ICSID 公约为设立 ACSID 提供了参照

目前在国际上较有声望的投资争端解决机构即为《华盛顿公约》项下的 ICSID。而 ICSID 是世界银行集团下属的专门机构。与世行承担的多边发展职能类似的亚投行同样可以通过与 ICSID 相类似的 ACSID 公约，成立专门的争议解决机构。现有的 ICSID 机制已较为成熟，因此在管理和运营上均可以为将来 ACSID 的设立提供思路和借鉴。但与 ICSID 制度不同的是，ACSID 将依托于亚投行，其实际重点在于"一带一路"沿线国家的与基础设施投资相关的争议解决，并充分考虑到发展中国家的利益，实现东道国发展和母国投资者投资回报的平衡。

（二）《亚投行协定》不排除设立 ACSID

仔细审视《亚投行协定》，其第五十五条规定，在银行与已终止成员资格的国家之间，或者在银行通过终止银行业务的决议之后银行与成员之间发生的争端，适用该条规定的仲裁解决机制。第四十六条第二款后半句规定，成员应采用本协定、银行的细则及各种规章或与银行签订的合同中可能规定的特别程序，来解决银行与成员之间的争端。据此，银行的细则及各种规章或与银行签订的合同完全可以为银行与成员之间的争端（除第五十五条规定的争端以外）解决设定特别程序，如仲裁规则。同理，也可为银行与成员以外的客户之间的争端解决设定特别程序。

《亚投行协定》第四十六条第二款后半句实则确立了《亚投行协定》、

银行的细则及各种规章或与银行签订的合同中规定的争端解决特别程序（特别程序）优先于第一款规定的司法解决程序，限制了第一款所述案件司法解决途径的使用（限制成员提起诉讼）的可能性，又为银行与成员之间的争端提供了其他解决途径的可能性：只要存在特别程序，该特别程序优先适用。

三、设立亚洲基础设施投资银行投资争议解决中心的具体方案

ACSID 制度的中心是 ACSID 作为争端解决中心的管辖权范围、运行模式和争端解决方式及相关程序。鉴于目前的《亚投行协定》未能为 ACSID 的设计提供法律框架，而且作为亚投行宪章的《亚投行协定》也不宜修改为 ACSID 的设计搭建的制度框架。适宜的方式是亚投行的成员国缔结一个《建立亚洲基础设施投资银行投资争议解决中心的协定》（简称 ACSID 协定），作为 ACSID 的宪章。下面参照 ICSID，就 ACSID 协定的内容提出如下方案。

（一）作为一个独立的国际组织的 ACSID

ACSID 由亚投行的成员国创制，总部设在中国北京，但是 ACSID 是一个独立的国际组织，既独立于亚投行，又不受中国管辖。ACSID 不是亚投行的内设机构，而是具有独立国际法律人格的国际组织。ACSID 与中国的关系也是同为国际法主体相互之间的关系，具体由它与中国政府签署的总部协定所调整。

（二）ACSID 管辖权范围

ACSID 管辖权范围应当包括：（1）使用亚投行贷款的私人客户与其所

属国之外的成员国之间的投资争议；（2）亚投行成员国与亚投行所资助或投资的项目的私人参与者之间的争议；（3）亚投行参与的任何投资项目的私人投资者与成员国相互之间的投资争议；（4）任何私人投资者与外国国家之间的投资争议，如果该投资者所属国与该外国国家之间缔结有投资协定并授权投资者将类似争议提交仲裁的，或投资争议双方选择 ACSID 解决争议，则 ACSID 可行使管辖权。

对于使用亚投行贷款的私人客户，可在贷款协议中规定，如果该私人客户与成员国之间发生争议，该争议应提交 ACSID 解决；对于亚投行资金所支持的项目，可在有关贷款协议中规定，该贷款资金资助的项目所引起的私人投资者与成员国之间的投资争议，应提交 ACSID 解决；对于亚投行参与的任何投资项目，可在项目合同中规定，与项目有关或项目所引起的私人投资者与成员国之间的投资争议，应提交 ACSID 解决。可制定银行细则并在其中规定银行私人客户与成员国就银行所资助或投资的项目，或在投资者与作为亚投行客户的成员国之间发生的争议由 ACSID 管辖，同时在银行与其私人客户的贷款协议或其他类似合同中订立格式化的争议解决条款；对于第三种争议，可制定银行细则并在其中规定私人投资者或成员国参与银行所资助或投资参与的项目，在所涉的私人投资者与成员国相互之间发生的争议由 ACSID 管辖。ACSID 对第四种争端的管辖权是基于 ISDS（投资者-国家争端解决机制）管辖权的通例，ACSID 在这种情形下充当了一个投资者与他国国家之间的投资争议解决的平台。

（三）ACSID 的组织机构

保持 ACSID 的独立性便于开展相关业务，也更能保证 ACSID 作为争端解决中心的公平性、公正性。ACSID 应当具有自己的管理机构，可设置一个理事会和一个秘书处，理事会由亚投行成员国派代表组成，秘书处则负责 ACSID 日常工作，ACSID 的预算纳入亚投行的总预算中，或由 ACSID 协定规定在 ACSID 协定缔约国之间分摊。

（四）ACSID 的运行模式

ACSID 是一家集仲裁与调解于一身的争端解决中心，因此，需要建立专门负责开展仲裁与调解的工作组，由成员指派相当数量符合工作要求的人员具体参与仲裁与调解工作。

（五）ACSID 争端解决方式及相关程序

ACSID 争端解决方式包括调解和仲裁，以仲裁为主。当事人分别按照调解和仲裁程序提出申请，经双方当事人同意任命调解员或仲裁员，分别组成调解委员会或者仲裁庭来处理争端事项。相同争议案件中，调解员不得再参与仲裁，反之亦然。ACSID 有自己的调解规则和仲裁规则，但调解规则与仲裁规则的选择均应当尊重当事人的意见实行自治。

此外，ACSID 仲裁的仲裁规则还须注意以下几个问题。

1. 仲裁的透明度

一般情况下仲裁是十分重视保密性的，但是当 ACSID 在处理私人客户与成员国的基础设施投资争端时常会涉及公共利益，并且在增加透明度已成为投资仲裁争议解决的趋势下，ACSID 仲裁机制应当依照联合国贸易法委员会关于投资仲裁透明度的规则①，增加透明度，并可通过披露裁决书

---

① 关于仲裁的透明度，联合国贸易法委员会（UNCITRAL）专门制定投资者-国家之间争端的透明度规则，见 UNCITRAL Rules on Transparency in Treaty-based Investor-State Arbitration (effective date: 1 April 2014)，http://www.uncitral.org/uncitral/en/uncitral_texts/arbitration/2014 Transparency.html。

部分内容等方式来进行。

2. 仲裁的监督

基于仲裁的独立性与终局性，ACSID 还须对仲裁内部构建监督机制，对于违反程序公平的相关裁决应当予以撤销。

此外，仲裁庭任意行使自由裁量权、自行扩大管辖权、不重视或不足够重视缔约方意愿等问题已经造成现行仲裁机构如 ICSID 饱受诟病，为了避免此类问题影响 ACSID 争端解决的最终效果，ACSID 可考虑参考 WTO 上诉机构的规则与实践，再结合 ICSID 关于撤销裁决的程序与实践，构建 ACSID 上诉机构来解决仲裁过程中非程序问题导致的仲裁不公平的问题。[1]

3. 仲裁裁决的不一致性

现存的 ISDS 机制还存在仲裁裁决不一致的问题。仲裁工作由于仲裁庭仲裁成员组成不同，可能导致相同或相似案件最终的仲裁结果差别很大。因此应通过建立上诉机构，来尽量避免此类情况的发生。

另外，对于 ASCID 仲裁员人员的选择，建议从"一带一路"沿线国家的权威国际法学者中选择。一方面，这可以加大"一带一路"国家国际法治建设的参与感，避免 ASCID 又沦为发达国家主导的替代机构；另一方面，这一部分学者本身也代表着发展中国家的利益，因此能更好地理解和诠释亚投行和"一带一路"的背景和宗旨，也能更好地理解和解决沿线国的纠纷。

4. 东道国的规制权

同时需要考虑的是，亚投行主要的投资东道国和"一带一路"沿线国家大部分都是发展中国家，需要尊重这些国家的发展权以及由此衍生而出

---

① 关于国际仲裁设立上诉机构的讨论，见 Rowan Platt, 'The Appeal of Appeal Mechanisms in International Arbitration: Fairness over Finality?' (2013) 30 Journal of International Arbitration, Issue 5, pp. 531-560.

的规制权。在 ACSID 仲裁过程中可以适当倾向这一项利益诉求。另外，争端解决主要是保护投资者的合法利益，而不是要求东道国赔偿损失，巨额赔偿的裁决也是不可取的。

四、结束语

在"一带一路"建设过程中需要注重争端解决机制，有效公正地解决投资争端，保护我国投资者的利益，树立我国尊重国际法治的国际形象。然而，现有的国际投资争议机制均存在各类缺陷，不能满足"一带一路"的建设需要。因此我们应依托亚洲基础设施投资银行的平台，设立具有独立国际法律人格的"亚洲基础设施投资银行投资争端解决中心"（ACSID），专门解决亚投行业务中和"一带一路"建设中发生的投资争议，在"一带一路"建设中发挥制度性公共产品的独特作用。

第六章
"一带一路"融资合作机制*

一、"一带一路"建设呼吁融资国际合作机制

完善的基础设施是经济共同发展的先决条件，也是目前"一带一路"建设的重点内容。[②] 而基础设施的建设一般都存在着资金需求量大、周期长、投资回报率低的特点。因此，随着"一带一路"建设的深入推进，对金融服务的需求也日益旺盛，这些基础设施项目的落地实施，需要沿线国家的金融机构（包括开发性金融机构和商业性金融机构）、资本市场承担起共同责任。事实上，保障重大基础设施建设所需的资金融通就是推进"一带一路"建设的一个重要支撑。

目前而言，开发性金融[③]在"一带一路"建设的资金融通中发挥着重要作用，既连接政府与市场、整合各方资源，又为特定需求者提供中长期信用支持。随着"一带一路"的不断推进，开发性金融还能对商业性资金起引领示范作用，使商业银行的融资服务和其他金融服务发挥应有的作用，并以市场化方式对后者予以支持。事实上，基于市场化合作原则的商

＊　本章作者为中国政法大学国际法学院范晓波教授和本书署名作者。

②　中国"一带一路"网：《授权发布：〈共建"一带一路"倡议：进展、贡献与展望〉（八语种）》，https：//www.yidaiyilu.gov.cn/zchj/qwfb/86697.htm，最后访问时间：2020 年 9 月 17日。

③　开发性金融是指服务国家战略、依托信用支持、不靠政府补贴、市场运作、自主经营、注重长期投资、保本微利、财务上有可持续性的金融模式。

业性金融包括代理行关系、银团贷款、资金结算和清算、项目贷款、账户管理、风险管理等，正与亚投行、丝路基金等政策性金融优势互补、协作联动，共同为"一带一路"建设服务。再次，债券市场参与主体多元化、定价机制市场化、信息披露透明化等特点契合了"一带一路"投融资以企业为主体、市场化运作的倡议，有利于保证投融资的可持续性。① 因此，债券融资方式也可在"一带一路"建设中发挥重要作用。事实上，商业性金融机构的金融服务和债券市场各类型债券的发行拓宽了"一带一路"建设的资金融通的渠道，也正在成为"一带一路"融资的主流和未来趋势，其作为可持续的融资渠道，对于助力"一带一路"建设具有重要意义。

然而，就开发性金融机构的融资渠道而言，长期以来，世界银行、欧洲复兴开发银行和泛美行等开发性金融机构在为发展中国家提供大量融资的同时，已形成一套确保其运行的机制，包括在其成员国相互之间的合作机制。虽然亚洲基础设施投资银行（亚投行）、丝路基金等已经设置了合作机制，但是作为"一带一路"建设主要资金来源的中国政府开发性金融机构，尚无与前述多边开发银行一样完善的合作机制存在，而这会影响政府开发性金融机构的融资功能的发挥。

就商业银行的金融服务而言，除了中国的金融机构外，"一带一路"沿线各国银行实力普遍较弱，缺乏所需的服务能力。同时，西方银行通过国际金融协会等商业金融组织，建立了一套满足发达国家需要的金融秩序。而沿线国家以新兴市场国家为主，为了增强沿线国家自身的金融话语权，为了合力服务于"一带一路"建设的融资，各国商业银行之间需要一个"共商共建共享"的平台，作为"一带一路"商业融资的合作机制。

---

① 张中元、沈铭辉：《"一带一路"融资机制建设初探——以债券融资为例》，《亚太经济》2018年第6期，第5页。

就债券市场的债券发行而言，目前债券融资机制中还存在着诸多问题，因而可能会使得"一带一路"项目或者其他相关投融资主体不易利用债券融资的方式获得资金。为了充分调动政府和市场、沿线国家以及国际资本等各方资源，各国政府、金融机构和企业就"一带一路"债券融资机制进行了积极的探索创新。因而，在此背景下，极有必要研究债券融资合作机制的构建与完善路径。

二、"一带一路"开发性金融合作机制

（一）亚投行："一带一路"金融合作机制创新的典范

亚洲基础设施投资银行（简称亚投行）的运营模式体现了"一带一路"金融合作机制的创新。亚投行是首个由中国倡议设立的多边开发银行，重点支持基础设施建设，宗旨是通过在基础设施及其他生产性领域的投资，促进亚洲经济可持续发展、创造财富并推动基础设施互联互通；同时与其他多边和双边开发机构紧密合作，推进区域合作和伙伴关系，应对发展挑战。亚投行的成立体现了中国开始从国际规则的参与者转变为国际规则的创设者，并承担起更大的国际责任。

亚投行在创建新机制、创新机构治理、开拓融资新方式等方面可圈可点。首先，亚投行不设常驻董事会，这不同于其他多边开发银行普遍采用的治理模式。在信息科技高度发达的今天，设立常驻股东代表制度已然过时。虽然亚投行不设常驻董事会可能会削弱监管力度，但通过聘用两名外部审计专家的办法有效规避了监管不足的问题。其次，亚投行在经营中不把成员国划分为"借款国"与"非借款国"，而是主要根据借款国的主权信用决定是否提供贷款，以及如何设定贷款条件。而世界银行等多边开发

银行在提供贷款时，则主要考虑借款国出资金额、人均收入等因素，融资条件僵化，缺乏灵活性。最后，尽管经济体量使得中国在亚投行中拥有一票否决权，但是中国无意去行使这一权利。在其他多边开发银行中，美国和其他主要股东在行使投票权时只从自身利益考虑，使这些多边机构很难接纳新成员。亚投行的制度设计正吸引着世界上越来越多的国家来参与，从 2016 年年初至今，亚投行从 57 个创始成员国增加到 106 个成员国。

（二）服务于"一带一路"融资的开发性金融机构

2017 年 5 月，亚投行会同世界银行等 6 家多边开发银行，与中国财政部共同签署了《关于加强在"一带一路"倡议下相关领域合作的谅解备忘录》①，聚合国际社会之力，共同加大对基础设施和互联互通项目的支持力度。2020 年早期，亚投行正式决定成为多边开发合作融资中心资金机制的管理人和执行机构。② 但是，从严格意义上讲，这个谅解备忘录尚不是国际组织之间缔结的国际条约，也还不是一个有拘束力的法律文件。为了进一步增进国际多边项目贷款合作，发挥国内开发性金融机构对"一带一路"建设的助推支持作用，可考虑由亚投行牵头，联合丝路基金、世界银行、亚洲开发银行、欧洲复兴开发银行、欧洲投资银行、泛美开发银行等，打造一个以国际多边开发银行为主的"一带一路"建设项目贷款共同体，形成国际多边开发银行共同贷款、共同发包、共同招标的国际化、规范化、公开透明的运作体系，从而调动国际开发性金融机构共同参与"一带一路"建设。

---

① 中国财政部与 6 家多边开发银行就"一带一路"签署谅解备忘录，中新社 2017 年 5 月 14 日电。

② 多边开发融资合作中心基金正式建立，新华社北京 7 月 8 日电。

（三）"一带一路"融资呼吁国内外开发性金融机构间的合作机制

不难看出，作为"一带一路"融资主体的国内开发性金融机构（包括丝路基金在内）与包括亚投行在内的其他多边开发银行的合作关系架构，需要构建合作机制。特别是考虑到国内开发性金融机构与"一带一路"倡议的伴生关系，特别有必要构建国内开发性金融机构与其他多边开发性金融机构在"一带一路"倡议下的合作机制。

首先，国内开发性金融机构与其他开发性金融机构建立合作机制是消除国际社会疑虑，取信于国际社会的必要手段。国内开发性金融机构、亚投行、金砖国家开发银行以及中国正在推动的其他十多个国际合作平台，在部分西方观察家那里，都被视为是对现有国际秩序的挑战。这种观点一方面凸显了西方对中国与现行国际秩序的焦虑和担忧，另一方面也表明中国对国际社会所传递的定位信息不够清晰，甚至引发了外界的猜疑。建立合作机制，处理好国内开发性金融机构与其他国际开发性金融机构的关系，有助于消解国际社会的疑虑。

其次，国内开发性金融机构与其他开发性金融机构建立合作机制是拓宽融资渠道、缓解基础设施建设资金供需矛盾的有效手段。2008年经济危机以来，世界经济发展缺乏动力，主要国家在基础设施上的投资不足，甚至一度跌至历史最低水平。"一带一路"基础设施建设覆盖范围广、周期长、地缘环境复杂，所需资金数额庞大，资金缺口较大，单独由一个机构出资难度很大。就亚洲而言，根据亚投行测算，2015年至2030年，亚洲新的基础设施需求将达到38万亿美元，平均每年资金缺口在1.4万亿美元左右。[①]

---

① 转引自《亚洲基建每年缺口1.4万亿美元 亚投行欢迎各类社会资本参与》，第一财经2018年6月26日。

资金供给不足、供需匹配难度大是国际开发性金融领域多年存在的结构性难题。国内开发性金融机构与国际开发性金融机构建立联营共同体，有助于拓宽融资渠道，提高融资有效性和使用范围。

再次，国内开发性金融机构与其他开发性金融机构建立合作机制有助于借助其他多边开发性金融机构的经验与优势，提高"一带一路"建设的法治化水平和可持续性。国内开发性金融机构可与其他多边开发性金融机构优势互补，共同打造"一带一路"建设稳健、可持续、公开透明的运作体系。国内开发性金融机构与世界银行、亚洲开发银行等国际开发银行均提供国际公共产品。各区域开发银行对相应地区的自然环境、政治经济环境等情况更为了解，在地区基础设施建设方面，世界银行、亚洲开发银行等则经验丰富、人力资源充足，可与国内开发性金融机构实现合作共赢。除了开展双边合作，各区域开发银行也可将多边合作机制化，统筹协商跨国、跨地区的基础设施建设项目实施，发挥各方优势，降低沟通成本，切实助推"一带一路"倡议更好落地。

至于"一带一路"建设涉及的巨额贷款，国内开发性金融机构可按照国际通行规则与其他国际开发性金融机构联合放贷，以此有力回击一些西方国家观察家对"一带一路"建设会制造所谓"债务陷阱"的无端指责。[①] 中国作为新兴的债权大国，需要积累更多有效管控外部债务风险的经验。国内开发性金融机构在与其他开发性金融机构建立合作机制后，可更多借鉴后者的经验，遵循透明、可行、可持续借贷的国际贷款规则，不但有助于消除"一带一路"建设产生"债务陷阱"的疑虑，而且可以更好地防范中国面临的外部债务风险，助力保持全球金融稳定。

---

① Deborah Brautigam,《"一带一路"是债务陷阱外交吗?》,纽约时报中文网 2019 年 4 月 29 日, https://cn.nytimes.com/opinion/20190429/china-belt-road-initiative/.

（四）开发性金融机构间合作机制的构建原则

第一，对接原则。开发性金融机构投资时首先要与各国的发展战略和规划相衔接，在"一带一路"发展的进程中，寻找投资机会。"一带一路"没有严格的地域界限，只要有互联互通的需要，开发性金融机构都可以参与相关的项目。具体来说，开发性金融机构应通过以中长期股权为主的多种投融资方式，投资于基础设施、能源开发、产业合作和金融合作等领域。

第二，效益原则。开发性金融机构的资金分别来自不同的政府、股东，需要对本国人民或股东负责，所以不是援助性或者捐助性的资金，在运作上必须坚持市场化的原则，投资于有效益的项目，实现中长期合理的投资回报，维护好股东的权益。

第三，合作原则。开发性金融机构的优势之一在于可以提供中长期的股权投资，因此要与国内外其他的金融机构发挥相互配合和补充的作用，通过股权、债权以及贷款相配合的多元化的投融资方式，为一些可以在中长期实现稳定的合理回报的项目提供更多融资的选择。

第四，开放原则。开发性金融机构的合作机制应是开放的，不但对国际和区域的多边金融机构开放，而且对国家开发银行、中国进出口银行等中国的开发性金融机构、各个商业银行等金融机构，还有中非基金这样已经成立的基金开放，并可以对私人投资者开放，鼓励其参与投融资的项目合作。

总之，作为中国首次牵头发起成立的国际性的区域多边开发性金融机构的亚投行，和作为专门服务于"一带一路"建设的开发性国际基金的丝路基金，与其他开发性金融机构共建合作机制，开展多边化金融合作是必然的发展方向，这有助于推动"一带一路"建设在开放包容的道路上行稳致远。

三、"一带一路"商业银行合作机制

(一)"一带一路"商业银行合作机制的目标

构建"一带一路"商业银行合作机制的目的在于优化"一带一路"金融供给结构,增强沿线金融服务能力,促进"一带一路"国际合作。

通过该合作机制,一是要搭建沿线国家和金融机构合作新平台,完善跨境金融基础设施,消除影响合作的障碍和分歧;二是要促进金融与产业的共同繁荣,助力"一带一路"建设和区域经济增长;三是要推进本币结算和人民币国际化,促进经贸合作的便利化;四是帮助参与的各国掌握金融自主权,提升金融竞争力;五是帮助确立新兴市场国家在全球金融领域的影响力,并推动自身成为具备完善功能和广泛影响力的国际金融组织。

(二)现有商业银行合作机制的特点及其不足

1. 商业银行间常态化合作机制的产生

2017 年 5 月,首届"一带一路"国际合作高峰论坛在北京成功召开,为各方凝聚发展动力、推进务实合作、实现互利共赢提供了重要平台。中国工商银行顺势而为,在中国人民银行的指导下,于峰会期间主办了"一带一路"银行家圆桌会。本次圆桌会期间,"一带一路"沿线国家的 30 余家商业银行以及国际金融组织的董事长、行长等,首次聚集一堂,共同签署了《"一带一路"银行家圆桌会北京联合声明》,决定以"机制共建、利益共享、责任共担、合作共赢"为基础,建立"一带一路"银行间常态化合作机制,深入推进银行间常态化务实合作。该项机制被纳入"一带一路"国际合作高峰论坛官方成果清单,成为清单中唯一的商业银行成果,也是唯一的商业性机构成果。

"一带一路"银行间常态化合作机制进一步增进了各方对"共商、共建、共享"理念的认同，加深了对发挥金融作用、支持区域经济发展的共识，提升了对"开放、包容、互利"合作的共同意愿，将有效推动金融机构间的业务开放互动、信息对称交流和资金有效配置，共同提高业务能力和风险管理水平，打造和谐、稳定的金融环境，更高效地服务"一带一路"建设。

2. 商业银行常态化合作机制的主要内容

中国工商银行将发挥全球最大商业银行的优势，借助"一带一路"银行间合作常态化机制，增强对实体经济的深层次服务能力，通过打造合作机制顶层设计、项目投融资合作、人民币国际化合作、全球资产交易合作、银行间清算结算合作、双边本币融资合作、中小额跨境融资合作、信用评级共享合作、政策法规互助及风险联合防控等九大子平台，整合沿线国家金融资源，最终建立共同的金融交易市场、共同的金融基础设施和共同的金融治理规则，为世界经济发展提供新的动力，促进世界经济再平衡，推动全球治理进入新阶段。

3. 合作机制已经取得的成绩

"一带一路"商业银行常态化合作机制落地非常迅速，目前主要取得了如下五项成果：

一是常态化机制得以巩固和延伸。2017 年 5 月 15 日"一带一路"银行家圆桌会后，工商银行与 43 家圆桌会成员建立了日常联络平台，与 31 家成员面对面沟通了各领域合作方案，又争取到亚投行、欧洲投资银行、金砖银行、丝路基金等 10 多家金融机构的加入，常态化机制的"朋友圈"逐步扩大。

二是扎实推进银行间务实合作。中国工商银行举办了"一带一路"金融合作与中国金融市场开放论坛，进一步促进了各家银行间的深入交流；初步搭建了银行间跨境信用融资信息交流平台，供成员银行进行项目互荐和信息交流。截至 2018 年，通过此平台共享的境外融资项目总数达 20 余个，总金额超过 25 亿美元。

三是制定了常态化机制三年规划，明确了近期、远期目标和实施方案。中国工商银行牵头制定了《"一带一路"银行间常态化合作机制三年规划》，紧跟国家战略，坚持市场原则，倾斜配置资源，分解重点任务，细化工作规划，倒排时间进度，督办任务落地，进一步增加常态化合作机制成员单位，加强业务协作、信息共享，促进常态化合作机制向纵深发展，在银行间加快形成互助互通，共同推进"一带一路"建设的良好局面。

四是持续落实人民币海外基金业务。自"一带一路"高峰论坛后，中国工商银行率先推进人民币海外基金业务，并持续发挥引领作用，制定人民币海外基金业务的相关制度框架和业务规范，进一步推进人民币国际化。

五是实现常态化机制下全球资产交易平台交易量突破 600 亿美元。全球资产交易平台是中国工商银行为推进"一带一路"银行间常态化合作机制重点打造的子平台之一。自运营以来，工商银行通过搭建全球资产交易数据库，建立完善的全球资产交易体系，掌握交易对手偏好，实现精准交易，并通过完善平台交易规则，利用成员机构在监管合规、跨境税务、转移定价等方面的属地优势，不断创新外币双优贷款、信用撮合交易等跨境融资产品，充分挖掘平台功能，提升成员机构本地化、集约化经营水平，为成员机构培育了新的盈利增长点。

4. 商业银行间常态化合作机制的特点

第一，模式新。"一带一路"银行间常态化合作机制是在"一带一路"沿线各国政府部门指导下，由符合一定条件、具备较强实力的金融机构，在认同"共商、共建、共享"理念的基础上，以会员制的方式，按照平等、自愿的原则组建的跨国金融联合组织。目前，"一带一路"沿线并无此类机构。

常态化机制立足于利用"一带一路"沿线国家现有金融体系、金融机构和金融基础设施，以全体成员的商业回报为目标，以商业利益为纽带，以商业运作为手段，以商业银行的自发、自愿、自益为宗旨，通过一对一、一对多、多对多等合作方式，在自身发展的同时，服务于沿线经济和社会的全面发展。

常态化机制的短期目标是加强各国金融机构之间的深入合作，助力"一带一路"倡议的实施和区域经济增长；远期目标是帮助参与各国增强金融竞争力，提升金融自主权，确立新兴市场国家在全球金融领域的影响力，并推动自身成为具备完善功能和广泛影响力的国际金融组织。

第二，观念新。"一带一路"银行间常态化合作机制遵循"共商、共建、共享"原则，以促进"政策沟通、设施联通、贸易畅通、资金融通、民心相通"为目标，通过成员机构间的沟通协作，整合相关国家金融资源，致力于国际产能合作、基础设施建设、国际贸易便利、金融市场交易等领域合作，最终建立共同的金融交易市场、共同的金融基础设施和共同的金融治理规则，为世界经济发展提供新的动力，促进世界经济再平衡，推动全球治理进入新阶段。

常态化机制提倡：

① "和而不同"的合作观。尊重不同国家和地区的经济发展现状和社

会文化传统，以金融为纽带，推动经贸投资多层次合作，发挥各方差异化优势，实现多元化繁荣。

② "和衷共济"的产业观。以支持实体经济为首要目的，利用不同类型金融机构的互补优势，发挥资源配置和金融杠杆作用，在实体经济繁荣的基础上谋求金融自身的价值实现。

③ "和风细雨"的风险观。不追求短期疾风暴雨式的爆发性增长，旨在实现长期稳健的可持续发展，时刻保持把控系统性风险的底线思维，用规则、文化和政策共同抑制住金融的负面效应，从根本上防范金融危机。

④ "和谐有序"的发展观。不仅注重发挥市场作用，激发金融创新活力，更注重营造有序的市场秩序，减少恶意攻击，推动交易公平与透明，以稳定的金融环境促进经济发展。

5. 对银行间合作机制的评价

（1）已解决的主要问题

"一带一路"常态化合作机制主要解决了以下几个问题：

一是强化成员机构间合作，提升了综合实力与金融服务能力。

"一带一路"建设和沿线国家规划中涉及的重大基础设施项目金额动辄数十亿美元，期限长达十余年，涉及多方甚至多国主体，需要财务顾问、风险套保等多样化服务，对于单一商业银行而言，特别是沿线新兴市场国家的商业银行而言，在资金实力、期限管理、业务品种方面都是极大挑战，难以完全独自承担。例如，在吉尔吉斯斯坦注册的 24 家商业银行资产总量仅 25 亿美元，塔吉克斯坦 2015 年全部存款余额仅 12.6 亿美元，难以满足大规模投融资的需要。通过常态化合作机制，成员机构可以发挥各自优势，形成合力，共同满足大规模投融资的需求。

二是提高了单体机构的抗风险能力，有助于业务开展。

"一带一路"沿线国家多为发展中国家，企业和政府的财力有限，商业信用体系不完善；部分沿线国家金融系统性风险高，汇率稳定性不足，金融开放受限；一些国家商业银行资本充足率较低，抗风险能力有限；少数国家安全局势严峻，缺乏业务开展的稳定性基础。对此，成员机构在风险管理、政策监管等方面加强了沟通与交流，增强了互信互惠，有效地提升了风险防范能力，拓展了业务范围。

三是促进传统金融机构转型，助力地区经济发展再平衡。

全球经济在复苏中不断分化，全球金融危机的深层影响仍在继续。国际市场需求疲软，以往依靠新兴市场国家输出大规模顺差、发达国家长期维持贸易赤字和借贷消费的情形难以为继。新兴市场多为外向型经济，外需不足导致国内市场萧条，传统经济增长模式受到挑战，但多数国家尚未明确转型道路，商业银行的传统发展空间受到限制。常态化合作机制为成员机构提供了一个资源整合、思想碰撞的平台，成员机构可相互借鉴发展模式，结合实际情况，应对地区发展挑战。

四是应对世界贸易格局调整，促使新兴市场寻找新道路。

多边投资贸易规则正在进行深刻调整，贸易保护主义抬头，发达国家开始塑造排他性的、更严苛的全球贸易与投资新规则，自由开放的全球多边贸易体系面临被解体的威胁，新兴市场和广大发展中国家的比较优势受到极大削弱，其全球市场与投资来源遭到大幅压缩，商业银行国际结算、贸易融资等传统海外市场业务受到冲击，亟须走上新的发展道路。通过常态化合作机制，成员机构可"抱团取暖"，以深化合作来应对贸易格局变革，共同探索适合自身发展的新道路。

总之，该合作机制有助于维护"一带一路"沿线国家的共同发展，促进世界经济再平衡。

（2）存在的问题

①参与的商业银行范围有限

现有的商业银行常态化合作机制，是由中国工商银行倡议设立的，国内参与的商业银行目前仅限于该行，没有体现中国商业银行参与"一带一路"建设资金融通的代表性，也不能充分发挥其他商业银行在"一带一路"融资中应有的作用。参与该常态性合作机制的外国商业银行数相对于全球主要的商业银行总数而言，比例较小，尚不具有较充分的代表性。

②合作机制缺乏刚性

就商业银行常态化合作机制的内容而言，体现更多的是各参与方相对空泛的合作承诺，缺乏刚性的规则。

（三）商业银行间合作机制的构建原则

发展与完善商业银行间合作机制，应遵循如下原则：

第一，开放性原则。常态化机制应以"一带一路"沿线国家为主体，同时也接受与"一带一路"沿线具有重要相关利益的全球各国、国际和跨区域的金融机构成员参与，最大可能地形成"共商共建共享"的合作机制。

第二，包容性原则。成员机构在沟通协作的基础上，坚持求同存异、兼容并蓄的理念，充分尊重各家商业银行在业务发展、风险偏好、管理模式等方面的自主选择。

第三，商业性原则。遵循市场规律和国际通行规则，充分发挥市场在各项金融活动中的决定性作用和成员机构的商业主体作用，提高运作效率和资源配置效率。

第四，互利性原则。常态化机制的建立和运行要兼顾各方利益和关切，寻求利益契合点和合作最大公约数，体现各方智慧和创意，优势互补，充分激发潜力，共享合作成果。

四、"一带一路" 债券融资合作机制

（一）"一带一路" 债券发行现状及存在的问题

1. "一带一路" 债券发行现状和特点

自《推动共建丝绸之路经济带和 21 世纪海上丝绸之路的愿景与行动》发布以来，我国银行间债券市场、交易所债市以及中国人民银行、证监会、各中介机构、交易所等，均出台多项有力举措，助力推进"一带一路"建设。

交易所债市在支持"一带一路"建设中亮点纷呈。2018 年 3 月，沪深交易所先后发布《关于开展"一带一路"债券业务试点的通知》，其中对于"一带一路"债券的分类，既包括国内"一带一路"沿线国家和地区的政府债以及企业和金融机构发行的公司债，也包括境内外企业发行的用于"一带一路"建设的公司债。中国人民银行、财政部于 2018 年 9 月 8 日联合发布了《全国银行间债券市场境外机构债券发行管理暂行办法》，将发行主体从最早的国际开发机构拓展到外国政府、境外金融机构和非金融企业，完善了境外机构在银行间债券市场发行债券的制度安排，促进相关制度规则与国际接轨，进一步提高了中国债券市场的国际化水平，对于中国债券市场改革开放具有重要意义。

推进"一带一路"建设工作领导小组办公室 2019 年发布的《共建"一带一路"倡议：进展、贡献与展望》报告显示，"一带一路"沿线国家不断深化长期稳定、互利共赢的金融合作关系，各类创新性金融产品不断推出，大大拓宽了共建"一带一路"的融资渠道。随着银行间债券市场开放包容程度稳步提升，越来越多的企业和金融机构通过发行熊猫债、参与"债券通"等方式融入"一带一路"互联互通建设，银行间债券市场在落实"一带一路"倡议、加强金融互联互通方面发挥着日益重要的作用。截至2018年年底，熊猫债发行规模已达2000亿元左右。来自银行间市场交易商协会的数据显示，截至2019年3月末，交易商协会支持福建、新疆、广西累计发行债务融资工具1.57万亿元，助力推进"一带一路"核心区域等建设。

在推进"一带一路"建设过程中，本币债券市场快速发展的实践不仅为"一带一路"倡议建设拓宽了资金来源，也缓解了货币与期限错配风险，深化了金融市场，提高了金融市场的韧性。债券市场各类型债券的发行，对于助力"一带一路"建设、拓宽融资渠道具有重要意义。

与此形成对照的是，"一带一路"沿线各国金融市场化程度不够高、金融服务配套措施不完善，多数沿线国家落后的资本市场难以满足境外企业的融资需求，[1] 债券市场准入门槛较高，[2] 我国企业在沿线国家发行债券的情况极为罕见。首先，从公司债券平均到期日角度考察，23个经济体中有15个经济体低于世界平均水平；从公司债券发行量占GDP比重来看，23个经济体中有17个经济体低于世界平均水平，这从一定程度上证明了"一带一路"沿线大部分国家当地债券市场发展水平不高，企业融资渠道受限。[3] 其次，除新加坡、印度、以色列、俄罗斯和少数中东欧国家拥有

---

① 宋爽、王永中：《中国对"一带一路"建设金融支持的特征、挑战与对策》，《国际经济评论》2018年第1期，第118页。

② 南楠：《中国与"一带一路"沿线国家金融创新合作的困境与出路》，《对外经贸实务》2019年第8期，第57页。

③ 张中元、沈铭辉：《"一带一路"融资机制建设初探——以债券融资为例》，《亚太经济》2018年第6期，第10页。

规模较大、开放较深的资本市场以外，多数沿线国家还处于商业银行主导的金融体系，国内资本市场孱弱且封闭，缺乏针对境外主体证券发行的法律法规。①

"一带一路"沿线国家和地区的金融机构国际化水平仍然较低，对外开放程度不高，各国银行设立在这些国家的分支机构数量少，且集中分布在经济发达的地区，这使得境外企业融资成本高，融资合作难，无法满足国内企业对境外资金的需求。② 因此"一带一路"建设债券融资主要得依赖在中国债券市场上发行的债券。本报告中所指的债券融资就是指境外发债主体在境内发行的人民币债券融资，即所谓的"熊猫债券"发行。③

2. 债券融资中存在的问题

（1）期限错配风险、汇率风险

熊猫债券的期限通常为3至5年，这与"一带一路"项目的周期普遍较长且初期几乎不产生现金流的情况存在期限错配。④ 中国的公司债券平均到期日为3.53年，远远低于世界平均水平，公司债券发行量占GDP比重为5.35%⑤，高于世界平均水平，这表明中国的公司债券多以发行短期债券为主，这与"一带一路"沿线国家基础设施建设中普遍存在的投资期限错配现象（短期资本多，而长期产业资本缺口大）相类似。以上现象一

---

① 宋爽、王永中：《中国对"一带一路"建设金融支持的特征、挑战与对策》，《国际经济评论》2018年第1期，第118页。

② 南楠：《中国与"一带一路"沿线国家金融创新合作的困境与出路》，《对外经贸实务》2019年第8期，第57页。

③ 熊猫债是指境外机构在中国境内（除港澳台地区之外）发行的人民币债券。根据国际惯例，境外机构在一国发行债券时，一般以该国最具特征的吉祥物命名。基于这个惯例，境外机构在中国境内发行的人民币债券被称为熊猫债。

④ 万泰雷：《"一带一路"建设的市场化融资机制研究——以中国债券市场开放为视角》，《新金融评论》2015年第3期，第25-26页。

⑤ 数据来源：世界银行球球金融发展数据库（Global Financial Development），引自：张中元、沈铭辉：《"一带一路"融资机制建设初探——以债券融资为例》，《亚太经济》2018年第6期，第10页。

方面表明中国企业通过发行公司债券进行长期融资的空间很大，另一方面也表明在现阶段中国企业通过债券融资面临着与"一带一路"沿线国家相似的期限错配困境。① 期限错配风险是指当企业资产平均到期期限大于负债平均期限时会产生期限错配险。② 与此同时，多数"一带一路"项目所需的现金会涉及该国当地货币，发行熊猫债券可能因营运资金货币和融资货币的错配而增加汇率风险。③ 货币错配风险是指如果企业的资产与负债以不同的货币计值，其净值或净收（或两者同时存在）容易受到汇率波动的影响。④ 在汇率波动较大的时期，外债货币错配风险加大。由于本国居民和企业的外债多以外币计值，资产多以本币计值，资产和负债的币种结构不同，导致其对汇率的变化非常敏感。若没有对冲汇率风险，对外负债主体就面临着巨大的外汇风险敞口。

（2）债券条款设置、信用风险处置机制有待完善

这几年，信用债违约风险多发，2018 年是信用违约最多发的一年，违约金额超过前四年的总和，信用风险进一步释放。⑤ 2018 年上半年新增违约主体 12 家，违约债项 23 只，违约债券规模 240.84 亿元；下半年新增违约主体 29 家，违约债项 102 只，违约债券规模 957.21 亿元。2019 年上半年，新增违约主体数量 20 家、违约债项 67 只、违约债券规模 489.73 亿元。⑥ 在

---

① 张中元、沈铭辉：《"一带一路"融资机制建设初探——以债券融资为例》，《亚太经济》2018 年第 6 期，第 10 页。

② 刘炜：《基于宏观审慎视角的企业外债管理方式探讨》，《金融纵横》2016 年第 2 期，第 47 页。

③ 万泰雷：《"一带一路"建设的市场化融资机制研究——以中国债券市场开放为视角》，《新金融评论》2015 年第 3 期，第 25-26 页。

④ 刘炜：《基于宏观审慎视角的企业外债管理方式探讨》，《金融纵横》2016 年第 2 期，第 47 页。

⑤ 中央结算公司统计监测部：《2018 年债券市场统计分析报告》，第 32 页。

⑥ 张帆、李同帅：《违约债券交易化处置方式实践与探索》，《金融市场研究》2019 年第 10 期，第 51-52 页。

有序打破刚性兑付成为各方共识的前提下，债券违约也将逐步进入常态化，完善违约处置机制的诉求更加迫切。① 目前，我国债券违约处置制度不完善，存在着债券违约处置手段缺乏、处置时间漫长、处置效率低下、处置后债券兑付比较低等问题，这些因素都客观上影响了债券市场投资者的信心。②

3. 对熊猫债券发行机制的评估

熊猫债券的发行机制存在着分类管理框架不明确、发行制度不完善等方面的不足。

在发行主体方面，主权类机构、金融机构和非金融企业性质不同，发行熊猫债的动机、规模、是否跨境使用及市场影响的差异也较大。主权类机构的发债动机主要为增加外汇储备、向政府机构发放贷款，期限多为中长期，发行规模较大，一般在20亿~30亿元甚至更高的水平，大多汇出境外使用。金融机构的发债动机主要为补充营运资金或人民币流动性，期限以3年的中期居多，发债金额在10亿元左右，多是选择汇出境外，少数留存境内使用。非金融企业的发债动机主要为用于贸易投资活动、置换存量债务或在境外转换成其他币种使用，期限多为1年短期，少数为中期，金额大小不均，单笔最大达40亿元（如戴姆勒），最小的仅5亿元。值得注意的是，部分非金融企业利用境外发行人的高信用评级在境内以较低成本发债获得融资，在一定程度上亦是一种套利行为。因而，主权类机构、金融机构和非金融企业熊猫债在发行目的、资金划拨和市场影响等方面存在明显差异。有必要予以分类管理。③

---

① 中央结算公司统计监测部：《2018年债券市场统计分析报告》。
② 张帆、李同帅：《违约债券交易化处置方式实践与探索》，《金融市场研究》2019年第10期，第55-56页。
③ 周诚君、吕威、卜凡玫、王娜：《关于进一步规范熊猫债管理的若干考虑及政策建议》，《债券》2017年第9期，第20-21页。

根据《银行间熊猫债暂行办法》的规定，目前将可以在中国境内发行人民币债券的主体分为四类，境外金融法人境内发债需要得到中国人民银行的核准，而外国政府类机构、国际开发机构、境外非金融企业法人则只需要向银行间市场交易商协会申请注册即可。银行间市场交易商协会负责制定此三类机构的银行间债券市场债券或者债券融资工具的发行注册、信息披露指引等相关规则，并对发行人信息披露进行评议和后续监督，对不能按规定进行信息披露的，应及时报告中国人民银行。可见，《银行间熊猫债暂行办法》已经有意识地对不同机构进行区分处理，并初步地作出了一些不同的规定和主管机构规定。① 但是目前，仍未正式建立明确的分类框架。如管理熊猫债发行的专门文件仅有 2010 年修订的《国际开发机构人民币债券发行管理暂行办法》，熊猫债发行还处于"一事一议"的状态，并未形成统一的制度原则。熊猫债券账户开立及其使用也缺乏统一标准，目前也没有建立针对不同类型发行熊猫债券的主体的分类管理框架。② 特别是在银行间和交易所两个市场分割的情况下，由于实际管理标准不一致，会导致低等级发行人利用标准和规则差异进行"逆向选择"的情况。③

在配套设施方面，中国与"一带一路"沿线国家在法律、会计、税收等方面，以及相关的配套设施上与国际通行的标准存在较大的差异，④ 这不仅会加大我国企业境外发债的难度，而且同时也会加大境外机构在境内

① 周诚君、吕威、卜凡玫、王娜：《关于进一步规范熊猫债管理的若干考虑及政策建议》，《债券》2017 年第 9 期，第 21 页。
② 张中元、沈铭辉：《"一带一路"融资机制建设初探——以债券融资为例》，《亚太经济》2018 年第 6 期，第 11 页。
③ 张中元、沈铭辉：《"一带一路"融资机制建设初探——以债券融资为例》，《亚太经济》2018 年第 6 期，第 11 页。
④ 张中元、沈铭辉：《"一带一路"融资机制建设初探——以债券融资为例》，《亚太经济》2018 年第 6 期，第 11 页。

发债的阻碍。如 2018 年上海证券交易所和深圳证券交易所发布的"一带一路"债券发行新规就延续了关于交易所交易企业债发行的现有规定，要求境外发行人提供符合中国会计准则或与中国互相认可的其他国家或地区（目前限于中国香港和欧盟）所适用的会计准则的财务报表。[①] 而由于我国在会计等方面的标准与国际通行标准差异较大，因而发行"一带一路"债券的企业可能面临会计处理问题，该要求可能会对熊猫债券发行人产生抑制作用。[②] 因此对管理与监管而言，需要促进场内、场外市场互联互通，同时加强应对全球联动风险的防范机制建设。[③] 目前，《银行间熊猫债暂行办法》对四类机构在中国银行间债券市场的债券或债券金融工具的发行作出了统领性的规定，但是具体规定仍需要细化，尤其是应由交易商协会制定的外国政府类机构、国际开发机构相关债券发行规则、信息披露规则尚未出台，导致这两类机构熊猫债发行应遵循的标准和规则不甚明确，不利于这两类机构的熊猫债发行与监管。另外，对于境外金融机构境内发行熊猫债的相关规定，例如，信息披露、投资者保护等规则也需要进一步细化。

在发行机制方面，总体而言，银行间债券市场的各种办法、规则偏重促进市场发展，侧重市场各类主体的分工和监管权限的设定，对投资者保护关注不够，对由投资者保护所引发的发行人责任的界定也关注不够。从证券法理论来讲，通常而言，公开发行证券的管理和信息披露责任的规定是证券法最为核心的两个内容。信息披露作为风险识别与评估的基础，其真实性与可靠性是债券市场发展的前提。如若信息披露不完善的问题不能

---

① 张中元、沈铭辉：《"一带一路"融资机制建设初探——以债券融资为例》，《亚太经济》2018 年第 6 期，第 12 页。

② 张中元、沈铭辉：《"一带一路"融资机制建设初探——以债券融资为例》，《亚太经济》2018 年第 6 期，第 12 页。

③ 张中元、沈铭辉：《"一带一路"融资机制建设初探——以债券融资为例》，《亚太经济》2018 年第 6 期，第 12 页。

得到有效解决，投资者将转而寻求其他替代性投资产品，最终导致债券市场萎缩，其服务实体经济、助力企业融资等功能将大打折扣。① 当前，证券法领域有关披露责任的性质（刑事、行政、民事责任）、免责事由的认定（如是否具有过错）等重要问题几乎没有任何规定，或者即便有规定，规定的也不多、不细。② 具体来说，第一，由于银行间债券市场的上位法缺失，或者说《中华人民共和国证券法》（以下简称《证券法》）有关信息披露责任的规定能否适用于银行间债券市场的发行和交易存在不确定性，加之银行间交易商协会的上级主管部门——中国人民银行出于监管资源缺乏或者其他原因，也没有出台任何可做援引的有关信息披露责任的部门规章，银行间债券市场在信息披露责任上存在规则缺失或规则不细的问题。③ 第二，我国证券市场相关法律只明确了虚假陈述的行政罚金。关于虚假陈述的经济处罚，现行《证券法》的相关规定罚金数额较低，没有随着经济、市场和收入的增长调整，仍然维持在 20 年前的水平，违法成本过低，因而不足以达到有效惩戒的目的，不能满足当前的治理需求。④ 第三，虽然 2015 年 12 月 24 日，最高人民法院发布的《关于当前商事审判工作中的若干具体问题》明确了"根据立案登记司法解释规定，因虚假陈述、内幕交易和市场操纵行为引发的民事赔偿案件，立案受理时不再以监管部门的行政处罚和生效的刑事判决认定为前置条件"。但是，审理虚假陈述案件依据的法律条款《虚假陈述司法解释》并未同步作出修改，也未再出台新的司法解释，因此，多数法院仍以前置条件作为立案受理前提，或是虽

---

① 杨洋：《债券市场虚假陈述问题与治理对策探析》，《西南金融》2020 年第 2 期，第 49 页。
② 唐应茂：《熊猫债市场分割和证券监管竞争与统一》，《证券法苑》2017 年第 4 期，第 130 页。
③ 唐应茂：《熊猫债市场分割和证券监管竞争与统一》，《证券法苑》2017 年第 4 期，第 130 页。
④ 杨洋：《债券市场虚假陈述问题与治理对策探析》，《西南金融》2020 年第 2 期，第 53 页。

然立案受理，但常常会以不符合起诉条件为由裁定驳回起诉。可见，我国证券市场私人诉讼原告举证困难，单个投资者提起诉讼面临信息不对称、专业知识不足、诉讼成本高等问题。① 投资者保护未实际落实。而反观交易所市场规则，针对信息披露的责任问题，依靠着相对清晰的规定界定了民事、行政和刑事责任。其法律框架、监管理念和规定的细致程度都是值得借鉴的，但是其在执法方面仍有待提高。② 例如，日本政府在发展武士债券市场时，对于发行人财务报表编制使用的会计准则和审计准则、年报和半年报的信息披露要求和具体的信息披露格式，均有详细的监管规定。从中长期角度而言，详细的监管规定规范了武士债券市场的发展，③ 有利于投资者保护。

故而，针对熊猫债券的发行需要作出如下改革：

第一，根据不同类型机构的特点，建立针对主权类机构、国际开发机构、金融机构、非金融企业等各类发行主体的分类管理框架。同时，明确统一的熊猫债宏观审慎管理要求和准入标准，针对发行人发债条件、动机、使用方向、是否跨境汇划等，在发行端予以必要的政策引导。需要强调的是，即便是针对不同发行主体建立分类管理框架，也并不意味着基本业务规则的割裂，不同类型发行主体在开立账户、资金存管、跨境汇划及数据报送等方面，需遵守相对统一的规则。④

第二，进一步细化债券发行、信息披露、投资者保护相关规定，完善债券发行的披露责任及相应处罚，加强执法，使法律法规能落到实处。具

---

① 杨洋：《债券市场虚假陈述问题与治理对策探析》，《西南金融》2020 年第 2 期，第 53 页。

② 唐应茂：《熊猫债市场分割和证券监管竞争与统一》，《证券法苑》2017 年第 4 期，第 131 页。

③ 段瑞旗：《武士债市场发展经验及对熊猫债市场的启示》，《债券》2016 年第 4 期，第 33 页。

④ 周诚君、吕威、卜凡玫、王娜：《关于进一步规范熊猫债管理的若干考虑及政策建议》，《债券》2017 年第 9 期，第 22 页。

体来说，其一，注意有关信息内容的披露，包括偿债能力信息、资金使用信息、内部控制信息的披露。[①] 公司债券信息披露制度应具体规定内部控制信息披露的详细内容和格式，以提高内部信息披露的透明度。[②] 其二，制定多层次的信息披露制度。即对场内债券发行市场和场外债券发行市场，对不同规模或行业的发行公司在编制与提供的信息披露报告的种类以及要求其披露的格式、内容、数量和详尽程度等方面实行有差别待遇的一种制度安排。[③] 其三，提高违法经济成本。行政罚金的确定可参考以下两个方面。一是与经济数据挂钩，考虑 GDP、证券市场规模、证券市场对 GDP 的贡献率等因素制定对非自然人虚假陈述的罚金，考虑人均国民收入、证券业从业人员收入等因素制定对自然人虚假陈述的罚金。可参考 1999 年《证券法》制定时的相关经济数据与当前经济数据的差距，以当前的罚金乘以这个倍数即可。二是参考美国的罚款金额，以其最高级别的罚款金额作为我国行政罚金的上限，即"每个自然人 10 万美元，每个非自然人 50 万美元"乘以当前汇率。[④]

第三，熊猫债券市场需要从产品角度尽快和国际接轨。目前我国的熊猫债发行人以优质发行人为主，从信用评级角度看，长期以来，熊猫债市场始终以 AAA 级别的主体为发行主导，2016 年以前，熊猫债发行主体只有 AAA 级别或被豁免评级的主体。这种高信用等级集中的现象，与当时熊猫债市场尚未完全放开、多数情况下采用择优试点的原则相匹配。不过，

---

① 刘水林、郜峰：《完善我国公司债券监管制度的法律构想》，《上海财经大学学报》2013年第 3 期，第 40 页。

② 刘水林、郜峰：《完善我国公司债券监管制度的法律构想》，《上海财经大学学报》2013年第 3 期，第 41 页。

③ 刘水林、郜峰：《完善我国公司债券监管制度的法律构想》，《上海财经大学学报》2013年第 3 期，第 41 页。

④ 杨洋：《债券市场虚假陈述问题与治理对策探析》，《西南金融》2020 年第 2 期，第 54 页。

2016 年以后，已经逐步放开了信用评级主体级别，渐渐有 AA 级别的发行人发行熊猫债，包括海航集团（国际）和汇源果汁集团。[①] 因而，考虑到将来市场的扩容和可能发生的信用事件，早日引入这些条款及加强对熊猫债发行人的信息披露监管，将有利于保护银行间债券市场投资者的利益，从而防止在信用事件发生时熊猫债投资者的受偿顺序处于劣后的不利局面。[②] 目前其他国家的外国债券产品从条款设置、投资者保护、信息披露以及债权人持有方面都有非常精细和完善的设计。[③] 例如，武士债采用国际债务资本市场通用的财务限制条款，引入了担保限制、同顺位、交叉违约、资本约束等财务限制条款，进一步明确了债权债务关系。[④] 相对来说，国内债券市场开放、产品创新还需要一个过程。国内的监管机构、债券承销机构、投资者、评级机构以及其他市场参与者，需要一起迎头赶上，尽快完善相关的制度建设和其他基础设施的配套建设。[⑤]

此外，我国需要进一步便利债券市场投融资。当然，在此方面，我国在近几年不断出台了融资便利化的措施。比如，根据证监会 2018 年 3 月 2 日发布的《关于开展"一带一路"债券试点的通知》，相关主体可以通过三种方式在中国的沪深交易所发行"一带一路"债券融资：一是"一带一路"沿线国家（地区）政府类机构在交易所发行的政府债券；二是在"一

---

① 常征、丛晓莉：《在岸人民币债券市场国际化——熊猫债发行案例分析与操作实务》，第 2 页，https：//www. chinabond. com. cn/resource/1472/1488/1505/18472/41428/146436112/151622677/1558423079992207462137. pdf？ n＝熊猫债发行案例分析与操作实务 . pdf，最后访问时间：2019 年 9 月 7 日。

② 段瑞旗：《武士债市场发展经验及对熊猫债市场的启示》，《债券》2016 年第 4 期，第 33 页。

③ 易娅莉、刘丹鹤：《熊猫债券：助推人民币国际化进程》，《国际经济合作》2016 年第 4 期，第 95 页。

④ 段瑞旗：《武士债市场发展经验及对熊猫债市场的启示》，《债券》2016 年第 4 期，第 33 页。

⑤ 易娅莉、刘丹鹤：《熊猫债券：助推人民币国际化进程》，《国际经济合作》2016 年第 4 期，第 95 页。

带一路"沿线国家（地区）注册的企业及金融机构在交易所发行的公司债券；三是境内外企业在交易所发行，募集资金用于"一带一路"建设的公司债券。上海证券交易所于 2017 年 10 月 27 日发布《服务"一带一路"建设愿景和行动计划（2018—2020）》（《愿景和行动计划》），其总体目标是推动和组织"一带一路"沿线资本市场合作，拓宽"一带一路"建设直接融资渠道，进一步推动境内资本市场双向开放。2019 年，外汇局取消了合格境外机构投资者（QFII）和人民币合格境外机构投资者（RQFII）投资额度的限制，并允许同一境外主体 QFII/RQFII 与直接入市渠道下的债券进行非交易过户，资金账户之间可以直接划转，提高了境外机构投资银行间债券市场的便利度。2020 年 9 月 2 日，中国人民银行、中国证监会和国家外汇管理局发布了《关于境外机构投资者投资中国债券市场有关事宜的公告（征求意见稿）》公开征求意见的通知。可以说，这些规章的出台，既完善了熊猫债券发行制度，又有助于债券市场投融资便利化发展。

（二）完善债券融资合作机制的建议

1. 完善市场开放的会计、审计和税收等配套措施

需要进一步明确银行间债券市场相关的会计、审计配套政策，提高"一带一路"沿线国家机构参与银行间债券市场的便利性。对于"一带一路"沿线国家（地区）发行人发行的债券，可采取更为灵活的审计、会计政策，为来自"一带一路"沿线国家（地区）的各类主体发行债券提供便利；坚持税收公平和避免双重征税的原则，尽快在"一带一路"沿线国家（地区）的债券市场形成稳定的增值税、所得税等税收政策。[①]

---

① 张中元、沈铭辉：《"一带一路"融资机制建设初探——以债券融资为例》，《亚太经济》2018 年第 6 期，第 14 页。

2. 构建金融风险防范合作机制

一是加大对银行的培训，向银行详细解读政策含义、要点以及在实际业务办理过程中可能存在的风险点，要求银行在遇到企业开展跨境融资时给企业即时讲解政策并指出相关风险。

二是发现企业异常融资行为要及时进行提醒，提示境内企业与境外借款方签订合同时，要详细斟酌，预防境内企业根本达不到的条款出现。

三是引导境内企业自身加强风险防范意识，应对跨境融资本身的风险予以关注，应充分了解跨境融资中的利率、汇率和偿债风险，增强风控意识，如可采取掉期等衍生产品对冲风险等。[①]

四是从宏观上控制外债的顺周期特性，从期限结构、币种结构等方面全方位调控外币融资，避免由于外债顺周期性产生系统性金融风险。[②]

五是关于管控风险产品的创新。首先，针对"一带一路"地区金融业务活动的特殊性，在类型、级别、期限、保险费、标的物等方面进行创新设计，为企业提供针对性较强的专业化保险服务产品。其次，开发配套的资产保值与风险对冲理财产品，结合衍生金融工具，为企业提供资产管理、财务顾问、风险管理等服务。再次，保险机构要结合证券、基金、股票、信贷、债券等产品，来进行保险业务的产品创新。

六是风险管控创新。首先，要借鉴国内外大型金融机构的风险管理模式，总结归纳出"一带一路"沿线国家和地区金融服务中的各项风险，并对相应的风险指标进行评估和监测，构建出一套针对"一带一路"地区金融风险的预警机制和应急处理方案。其次，"一带一路"沿线国家要加强征信机构、评级机构、信息服务机构之间的跨境交流与合作，建立征信信

---

① 陈军、侯军强、郭文峰、李小梅：《我国全口径跨境融资宏观审慎管理问题研究》，《西部金融》2018年第6期，第29页。

② 范洋：《构建本外币一体化外债管理制度》，《宏观经济管理》2019年第6期，第51页。

息共享和信息披露平台，有效防范"一带一路"跨境金融风险。[①] 最后，"一带一路"沿线各国的金融监管部门要建立长期的合作机制,[②] 不仅要加大创新、开放和监管力度，防范各自金融监管范围内的风险变动，还要适应"一带一路"建设的发展需要。建立良好的风险管控机制，是解决企业融资难的有效措施之一。[③]

3. 完善债券发行人违约风险防范和处置合作机制

一是针对目前我国债券市场信用风险处置机制有待健全的情况，建议尽快建立熊猫债评级体系。评级需要先适应迅速发展的熊猫债市场，满足国内监管及国外投资者的需求。随着境外投资者与发行人范围的扩大，评级公司需要把握机遇适时推出中国评级机构的全球评级体系，以满足国际投资者的风险识别要求，进而推动中国评级行业的国际化。[④]

二是完善债券发行人违约风险防范和处置机制。建立起对发行主体行为具有约束效力的完整法律框架，严厉打击恶意违约逃废债、财务弄虚作假等行为，对发行主体欺诈行为做出严厉的惩戒。鼓励信用资质强的担保公司开展对"一带一路"募投项目的担保工作，通过加强偿债保障措施来降低项目的信用风险，降低国内投资者对募投项目的尽职调查成本，从而有效降低项目融资成本。完善债券违约后的退出机制安排，推进投资者保护机制建设，为投资者特别是中小投资者提供资金退出渠道。通过引入风险承受能力强的市场机构购买违约债券，进一步深化债券市场的定价、释

① 南楠：《中国与"一带一路"沿线国家金融创新合作的困境与出路》，《对外经贸实务》2019年第8期，第59页。

② 叶前林、刘海玉：《"一带一路"倡议下人民币国际化的新进展、新挑战与新举措》，《对外经贸实务》，2019年第2期，第56-59页，转引自：南楠：《中国与"一带一路"沿线国家金融创新合作的困境与出路》，《对外经贸实务》2019年第8期，第59页。

③ 南楠：《中国与"一带一路"沿线国家金融创新合作的困境与出路》，《对外经贸实务》2019年第8期，第59页。

④ 刘鹏：《熊猫债发行放量的原因分析及政策建议》，《债券》2016年第10期，第75页。

放风险等功能；建立包括债务重组及破产清算、债券展期兑付等一系列违约处理机制，最大程度地减轻债务违约对实体经济的破坏性影响。①

4. 将债券投资纳入双边投资协定范围之中

投资的界定是双边投资协定中的重要内容之一，也是投资争议解决的前提与基础。随着实践活动的增加，投资的定义也在不断扩张。《关于解决国家与他国国民之间投资争议公约》对于投资并没有明确、统一的界定。为弥补此空白，投资保护协定日渐盛行，协定文本大多规定了投资定义条款，但由于内容繁多、种类复杂，对主权债券是否属于投资的态度不一等因素，导致 ICSID 仲裁庭在解读与适用上出现了分歧。典型的如 2007 年 Abaclat 等人诉阿根廷政府案引出了主权债券（Sovereign Bond）是否构成投资，尤其是在二级市场中的交易是否构成投资的问题。② 该案仲裁庭持肯定意见，与之相反的是 2013 年 Poštovā 银行等诉希腊案，该案的仲裁庭认为申请人的行为并不构成国际投资法上的投资。两个案件的情形大致相同，案件的当事方所在的国家都是《关于解决国家与他国国民之间投资争议公约》的缔约方，同样适用 ICSID 公约，只是所适用的双边投资保护协定的用语有所不同。故而，随着我国债券市场的不断开放，利用债券支持 "一带一路" 基础设施投资将越来越常见，建议在我国与沿线国家所签的双边投资协定中在投资的范围中纳入债券投资形式。

5. 发展 "一带一路" 人民币债券市场，推广我国的制度和规则

"一带一路" 建设需要利用人民币债券市场的跨境投融资渠道，而人民币债券市场的跨境投融资是资本项目开放的重要组成部分。利用中国香

---

① 张中元、沈铭辉：《"一带一路" 融资机制建设初探——以债券融资为例》，《亚太经济》2018 年第 6 期，第 13 页。

② Francesco Montanaro Case Comment：*Poštovā Banka SA and Istrokapital SE v Hellenic Republic Sovereign Bonds and the Puzzling Definition of Investment in International Investment Law*，ICSID Review 2015. 30（3）：549-555

港地区、英国、新加坡、美国、德国、韩国、阿联酋等离岸人民币中心发行境外人民币债券，既能丰富人民币国际化的产品，也能为"一带一路"项目筹集更多资金。

我们应以规则的软实力和标准的影响力作为支持手段，通过我国债券市场相关标准和发展经验的"走出去"，来协助"一带一路"沿线国家发展当地债券市场。

五、"一带一路"融资存在的普遍性信用评级问题及其对策

（一）"一带一路"融资存在的普遍性信用评级问题

"一带一路"下的项目大多期限长、风险大，回报周期长，投资回报率低，且"一带一路"沿线国家在政治、经济和金融领域存在巨大差异，中高风险级别的国家占大多数①，因此无论是"一带一路"开发性融资、商业银行融资还是债券融资面临的不确定风险较高，开发性金融机构、商业银行和债券投资者需要基于企业整体偿债能力分析以及项目未来现金流分析两个维度，对上述融资业务进行风险定价和投资。但由于大部分"一带一路"沿线国家缺乏高质量的信用评级机制，评级机构无法做出客观公正的评价，导致"一带一路"融资与"一带一路"沿线国家信用评级的相关度较低，因此，降低了信用评级制度在解决信息不对称方面的作用，开发性金融机构、商业银行或投资者的投资风险增大，这就会使投资者的投

---

① 在《中国海外投资国家风险评级（2018）》中，接受评级的57个国家中，有34个国家为中等风险级别（A-BBB）；14个国家为高风险级别（BB-B）。中国社会科学院世界经济与政治研究所国际投资研究所：《中国海外投资国家风险评级（2018）》。

资意愿降低，阻碍了"一带一路"融资的发展。①

就国内情况而言，当前"一带一路"融资市场的发展滞后，其中不完善、不成熟的信用评级制度是阻碍融资市场发展的重要因素。② 目前我国的信用评级机构大都和政府及金融监管机构有着密切的关系，评级机构往往根据发行人的意愿对公司债进行信用评级，评级机构的诚信责任、专业性和独立性受到质疑。③ 例如，在2016年的违约债券中，无论是违约主体数量还是违约规模，被大公国际、联合资信等国内四大评级机构给出2A评级结果的公司占总量的一半之多，对同一发债主体的评级，国内是2A级，而国外机构评级是B-级。此类行为与结果说明国内市场征信体系和信用评级机制的不完善。④ 就"一带一路"沿线国家而言，大部分"一带一路"沿线国家缺乏高质量的信用评级机制。

另一方面，本来上述这些实践中的问题需要由法律来进行规制，但是，在信用评级方面，我国和大部分"一带一路"沿线国家关于信用评级的相关法律监管或完全阙如或存在诸多问题。⑤ 在这种背景下，有必要考虑在中国与"一带一路"沿线国家之间建立信用评级的合作机制。

---

① 张中元、沈铭辉：《"一带一路"融资机制建设初探——以债券融资为例》，《亚太经济》2018年第6期，第11页。

② 张中元、沈铭辉：《"一带一路"融资机制建设初探——以债券融资为例》，《亚太经济》2018年第6期，第11页。

③ 张中元、沈铭辉：《"一带一路"融资机制建设初探——以债券融资为例》，《亚太经济》2018年第6期，第11页。

④ 张锐：《刚兑神话不再完善债券违约处理机制刻不容缓》，《中国证券报》，http://bond.hexun.com/2017-01-11/187692536.html，最后访问时间：2019年9月6日。

⑤ 我国信用评级法律监管存在以下几个问题：一是我国缺乏专门规范信用评级行业的基础法规，从而不能为信用评级的监管提供完善的法律监管框架；二是我国对于信用评级机构的相关法律责任的规定不够完善，导致信用评级机构权责不一致；三是我国监管评级行业的主体也并不统一，债券市场信用评级对应的监管部门有中国人民银行、中国证监会和国家发展改革委等不同监管机构，其所授权的信用评级公司各不相同。周嘉：《信用评级监管依赖的法律分析》，《征信》2019年第7期，第45页。

（二）建立并完善信用评级合作机制

克服信用评级障碍的重要方式之一是为"一带一路"主权债和公司债制定信用评级体系。国际金融机构和我国开发银行在"一带一路"地区积累了大量的投资经验，这些机构都拥有内部信用评级机制，我国信用评级公司与这些机构分享信用评级方面的资源将有助于建立"一带一路"信用评级体系。[①] 二是加快扶持培育我国评级机构做大做强，发挥国内评级机构的地缘优势，增强其市场认可度，逐步打破美国在国际评级领域的垄断地位，摆脱长期以来由美国三家机构在评级市场上占据绝对优势的局面。加快提高国内评级机构的竞争力，提高国内信用评级机构的市场门槛以合理控制评级机构的数量，通过实行行业自律，有效防止评级行业内部的恶性竞争；完善"一带一路"融资市场评级机制建设，鼓励中资评级机构"走出去"并提供离岸评级服务业务，促进"一带一路"融资市场的规范运行。从国际层面上来说，将来要加紧从国家战略层面推出针对信用评级的专门法律和法规，建立符合我国和"一带一路"沿线国家（地区）实际情况的评级体系，为信用评级提供基础法律保障。针对"一带一路"具体情况，转变评级市场发展思路，建立以提高评级质量为导向的评价机制，严格保护投资者利益，突出投资者的话语权，逐步建立与评级体系相配套的奖惩措施，通过市场化的手段来约束评级行为。[②]

从国内层面上来说，应完善我国关于信用评级相关的法律规制，这是解决信用评级机构独立性受质疑、做大做强我国信用评级机构，从而为

① 周宇：《以人民币国际债券支持"一带一路"基础设施投资：基于美元、日元国际债券的比较分析》，《世界经济研究》2017年第10期，第24页。

② 张中元、沈铭辉：《"一带一路"融资机制建设初探——以债券融资为例》，《亚太经济》2018年第6期，第13页。

"一带一路" 融资保驾护航的解决之道。具体来说：一是建立和完善多层次的立法体系，①借鉴美国监管改革的经验和教训，尽快出台评级行业基础法规。②明确的法律制度有利于形成稳定的市场预期。二是强化信用评级机构的法律责任，削弱权责不对称的情况。应借鉴国际监管改革经验，确定评级机构的民事法律责任。③即应针对过错认定、因果关系、举证责任等方面，建立操作性强的程序规则，同时研究代表人诉讼制度在信用评级业务纠纷中的应用，提高违法成本。另一方面，建立和完善信用评级的质量检验机制。进一步补充与违约相关的检验指标，逐步构建以违约率为核心的评级质量检验体系。要求信用评级机构定期公布评级表现，提高评级的透明度，不断进行数据积累和技术提升，同时建立并完善投资者等市场参与者的评价制度，最终建立和完善评级质量检验体系。④三是设立专职机构对评级行业进行统一监管⑤，同时明确信用评级机构的准入标准，明晰法人治理结构，规范评级业务，提高从业人员素质等。⑥四是改变对外部信用评级的僵化应用。引导市场主体理性看待评级机构的作用，将其作为风险评判的参考和借鉴；减少监管规则中对信用评级尤其是信用级别的僵化应用，采取更多元化的监管标准，将信用等级作为监管要求的参考条件之一。⑦借鉴美国的监管改革经验，我国应在保留信用评级核心价值

① 高明：《信用评级机构民事法律责任的国际规制及反思》，《南方金融》，2020 年 9 月 15 日，第 195 页。

② 周嘉：《信用评级监管依赖的法律分析》，《征信》2019 年第 7 期，第 45 页。

③ 高明：《信用评级机构民事法律责任的国际规制及反思》，《南方金融》，2020 年 9 月 15 日，第 195 页。

④ 高明：《信用评级机构民事法律责任的国际规制及反思》，《南方金融》，2020 年 9 月 15 日，第 195 页。

⑤ 周嘉：《信用评级监管依赖的法律分析》，《征信》2019 年第 7 期，第 45 页。

⑥ 高明：《信用评级机构民事法律责任的国际规制及反思》，《南方金融》，2020 年 9 月 15 日，第 195 页。

⑦ 高明：《信用评级机构民事法律责任的国际规制及反思》，《南方金融》，2020 年 9 月 15 日，第 195 页。

的同时，弱化其认证功能。并结合融资市场不同时期的发展情况，逐步取消在监管规定中的评级参考，让市场参与者自主评价评级质量，引导评级机构重视产品质量，通过市场力量提升评级产品的透明度、准确性和公正性，使评级行业真正体现其信息价值并实现其监测功能。[1]

我国已就加强信用评级行业的统一监管出台了相关公告和规则。2018年3月，银行间市场交易商协会发布《银行间债券市场信用评级机构注册评价规则》及配套制度，正式接受境外评级机构以境外法人主体或境内法人主体方式申请注册，并与境内信用评级机构平等对待。这一制度有利于促进信用评级机构良性竞争，满足境内外投资者的相关需求。[2] 2018年9月，人民银行、证监会联合发布公告，围绕逐步统一银行间和交易所债券市场评级业务资质，加强对信用评级机构监管和监管信息共享，推进信用评级机构完善内部制度，统一评级标准，提高评级质量等进行规范。[3]

六、结束语

完善的基础设施是经济共同发展的先决条件，"一带一路"建设中重大基础设施项目的落地实施，需要沿线各国政府和金融机构、资本市场承担起共同责任。各国政府要提高政治互信，加强政策协同，实现政府间合作的常态化。各国金融机构和资本市场也要加强协同配合，实现信息和收益责任和风险共担。

---

① 周嘉：《信用评级监管依赖的法律分析》，《征信》2019年第7期，第46页。
② 中央结算公司统计监测部：《2018年债券市场统计分析报告》，第28页。
③ 中央结算公司统计监测部：《2018年债券市场统计分析报告》，第27页，https：//www.china bond.com.cn/resource/1472/1488/1505/18755/146711239/146711510/151696766/155954884840943614148270.pdf？n=2018年债券市场统计分析报告.pdf，最后访问时间：2019年8月24日。

为顺利推动"一带一路"建设，中国既需要照顾"一带一路"沿线国家的共同利益，也要牢牢把握战略实施的主动性，辅之以金融领域的开放，并以金融规则的区域影响力作为基础，增强我国在"一带一路"建设中的主动性。

第七章

"丝绸之路经济带"统一国际铁路运输法律体系构建

　　东亚经济圈和欧洲经济圈通过贯穿欧亚非大陆的陆地与海上丝绸之路紧紧连接，铁路自然成为连接欧亚大陆"丝绸之路经济带"的重要手段。中欧班列在"一带一路"沿线的贸易畅通方面发挥了不可替代的作用。由于《国际货协》和《国际货约》两大铁路运输规则体系的并存，欧亚间的铁路货物运输系统无法覆盖在一个统一的铁路运输规则体系之下，其结果不仅是铁路运输货物无法在边境得到快速及时处理，徒增其成本，而且会因为货损赔偿标准和程序启动的规制迥异，降低索赔争端解决机制止争的效能。这一切使得国际铁路运输相较于其他国际运输方式处于相对劣势的地位。为此，有关国际组织和欧亚各国一直寻求这一难题的解决方法，联合国欧洲经济委员会（欧经委）甚至做出制定"统一铁路法"的初步尝试。对中国而言，作为欧亚间铁路运输货物的最大来源国和铁路运输大国，参与国际铁路法的统一制定过程成了自然的选择。而出于21世纪中国经济外交主轴的"一带一路"倡议与国际铁路运输之间紧密的互动关系，使得中国必须在其中发挥主导作用。对中国而言，原则上应推动"统一铁路法"的立法进程，使之早日成为国际铁路货物运输领域的国际公约。同时，考虑到有的国家对"统一铁路法"尚有所保留，欧经委提出的"统一铁路法"成为全球共识为时尚早。为此必须考虑其他实现途径，包括中国加入国际铁路运输政府间组织（OTIF）及《国际货约》规则体系、推动铁路合作组织（铁组）成员国加入《国际货约》规则体系的两个并行方案以及推动国际铁路货物运输领域统一立法的一个替代方案。

一、"一带一路" 贸易畅通与国际铁路运输

（一）铁路运输在丝绸之路经济带贸易畅通中的作用

从古至今，货物运输的便利与效率程度就决定着经济贸易的发达程度。国际经济贸易的开展也离不开国际货物运输。在古代，海运和陆路上的马车、骆驼等运输方式推动着古代人的贸易往来。诞生于工业革命时代的铁路，是各国在工业文明的道路上越走越好的助推剂。铁路主要承载的功能是人和物的运输，它将不同地区之间的经济贸易紧密地联系在一起，推动了生产和消费的联动。因此可以说，铁路对当今社会经济发展而言，是无可替代的。

在"一带一路"倡议的推进过程中，一个关键的任务是共建国际大通道和经济走廊，实现各国的互动互联，以促进国际贸易畅通。所谓的国际大通道和经济走廊共建，实际上包含了两条货物运输线路的构建。一是从连云港至鹿特丹的新亚欧大陆铁路干线，其走向基本上与"丝绸之路经济带"一致。二是以重点港口为纽带，建设中国经东南亚、南亚至非洲和欧洲的运输通道，其走向基本上与"海上丝绸之路"重叠。"一带一路"倡议的一个核心目标便是实现贸易的畅通。新亚欧大陆铁路干线的畅通对于丝绸之路经济带的建设具有基础性意义，直接关系到沿线国家的贸易畅通。

中国与"丝绸之路经济带"另一端之间的货物运输，长期以来主要依赖海运，[①] 铁路运输占比较小。据欧盟统计署的资料，2010 年—2020 年间

---

① 参见张雯卿、闫蕊：《"一带一路"中欧班列可持续发展研究》，《中国水运》2019 年第 4 期，第 50 页。

欧盟从中国进口商品额从 2454 亿欧元上升到 3834 亿欧元，向中国出口商品额从 1501 亿欧元上升到 2026 亿欧元。[①] 在 2018 年，铁路运输占中国对中欧班列相关国家出口额的 4.8%，铁路运输进口额为 113.63 亿美元，占所有运输方式进口额的 3.85%。但是，考虑到"丝绸之路经济带"横跨了整个亚欧大陆，处于东西两端的货物运输如经由海运，需要绕行距离很远，耗时很长，并不太适合于价值相对较高、时效性相对较强的货物运输。相比之下，如利用中国与西欧国家之间的直达铁路来进行运输，相对于海运，就可以省下很多时间（与海运相比，铁路运输的最大优势是运输时间短，约为海运的 1/3），适合于价值相对较高、时效性相对较强的货物运输。而中国与"丝绸之路经济带"沿线的内陆国家之间的货物运输，则完全无法利用海运，如果依靠昂贵的空运和零星的公路运输，不但货运的规模受到了限制，贸易的畅通也会受到影响。

因此，对于中国与"丝绸之路经济带"沿线国家之间的货物运输，铁路运输相对于其他运输方式更加合适，它可以发挥独特的运输价值。[②] 而且，考虑到铁路运输在诸多现代货物运输方式中的主导地位，[③] 铁路货物运输可以成为深化我国与"丝绸之路经济带"沿线国家贸易畅通的重要载体。在"一带一路"倡议背景下，通过铁路把欧亚大陆连接成一片，无疑

---

① Eurostat, China – EU – international trade in goods statistics, https：//ec. europa. eu/eurostat/statistics-explained/index. php? title＝China-EU_-_international_trade_in_goods_statistics.

② 例如，渝新欧国际运输通道大大节省了时间，也大大降低了铁路运费价格，压低了运输与物流成本。如果产品在重庆生产后运到上海、广东等地（至少增加了 2000 千米内陆到沿海的距离），再通过船舶运到欧洲，一方面耗时需两个月，另一方面物流成本也很高。铁路运输价格是一个集装箱每千米 0.5 美元。如果一个集装箱里面的货物价值足够高，12000 千米"渝新欧"国际联运大通道的 6000 美元运费就是经济的。参见李训、黄森等著：《渝新欧交通沿线物流效率评价报告（2018）》，社会科学文献出版社 2019 年版。

③ 新中国成立初期，我国与东欧国家的贸易来往主要依靠铁路运输来完成。至今，我国与朝鲜、蒙古和越南等国的进出口货物仍大部分通过铁路进行运送，与西欧、北欧、中东地区国家的进出口贸易也依赖国际铁路联运。参见曾文革、王俊妮：《"一带一路"视野下亚欧铁路运输条约体系的冲突与协调》，《国际商务研究》2019 年第 1 期，第 60 页。

为发展中国家、近东和欧洲各国的贸易提供了有利的条件。这也为国际经济贸易做出了自己应有的贡献。

（二）中欧班列国际铁路运输与丝绸之路经济带贸易畅通

丝绸之路经济带的中欧贸易源远流长，进入 21 世纪后，中欧两地贸易额每年可达数千亿美元，是彼此之间最大的贸易伙伴。多年以来，中欧两地的货物运输，主要依靠海运与空运。① 2011 年中国重庆至德国西部城市杜伊斯堡的"渝新欧"国际铁路班列全线开通。此后中欧班列发展迅速，并不断扩大其范围，② 货物的数量、种类、产地等也日趋多元化。③ 2013 年"一带一路"倡议启动后，由于铁路运输的绝对优势，中欧班列直接被纳入"一带一路"框架中，成为推动和实现"一带一路"倡议目标的重要抓手。④ 2015 年，中国政府发布《愿景与行动》，提出中欧班列的品牌建设。2016 年中国颁布《中欧班列建设发展规划（2016—2020 年）》，中欧

---

① 参见张雯卿、闫蕊：《"一带一路"中欧班列可持续发展研究》，《中国水运》2019 年第 4 期，第 50 页。

② 中欧班列覆盖范围和辐射范围快速扩大。截至 2018 年年底，国内开行城市达 56 个，可通达欧洲 15 个国家 49 个城市。境外到达城市中由中欧和西欧地区逐渐扩展至东欧、南欧和亚洲。目前，中欧班列已联通了包括德国、波兰、捷克、斯洛伐克、法国、白俄罗斯、俄罗斯、荷兰、英国、意大利、西班牙、比利时、拉脱维亚、奥地利，以及中亚、中东、东南亚等在内的国家和地区，国际知名度和影响力不断扩大。参见许英明、刑李志、董现垒：《"一带一路"倡议下中欧班列贸易通道研究》，《国际贸易》2019 年第 2 期，第 80 页。

③ 中欧班列贸易货物品种从单一变得丰富，从出境货源看，中欧班列运送货物由开行初期的手机、电脑等 IT 产品，逐步扩大到服装鞋帽、汽车及配件、粘胶纤维、日用品、箱包文具、装饰材料、建材、钢材、机械设备、PVC、化工品等品类。从回程货源看，回程商品由开行初期的机械设备、葡萄酒、汽车及配件等品类，逐步扩大到精密仪器、环保器材、高档服装、化妆品、奶制品及鲜奶、蜂蜜、食品等品类。而且，越来越多的货源品类是适合中欧班列运输的适箱货源，中欧班列作为中欧贸易新的贸易通道，运输商品的附加值、时间要求等方面介于海运和空运之间，已成为海运和空运的重要补充。未来，其目标货源更加瞄准具有较高附加值，对运输时间有一定要求，又有一定规模要求的商品。参见许英明：《中欧班列铺就更加畅通的"一带一路"贸易通道》，《中国经济时报》，2019 年 4 月 29 日，https://new.qq.com/omn/20190429/20190429A0 564M.html。

④ 龚静、尹忠明：《铁路建设对我国"一带一路"战略的贸易效应研究》，《国际贸易问题》2016 年第 2 期，第 14 页。

班列这一构想得到实施并迅速发展。[①] 截至 2022 年 7 月底，中欧班列共铺画了 84 条运输线路，通达欧洲 25 个国家的 211 个城市，运输服务网络覆盖了欧洲全境，形成了贯通欧亚大陆的国际运输大动脉，成为国际经贸合作的重要桥梁。[②]

可以说，在"一带一路"倡议的支持和推动下，在海运和空运之外，铁路运输开始在中欧国际贸易中发挥日益重要的作用。而因便捷的铁路运输兴起的中欧贸易也会反向作用于中欧班列，使得中欧贸易依托的国际铁路货物运输网络也会获得巨大的发展。但是，目前中欧国际铁路货物运输仍然存在很多问题。第一，由于"一带一路"沿线各国经济社会发展水平差异较大，铁路运输受线路和站点影响较大，沿线各国获益程度也呈现出较大的差异。第二，从运输组织的角度看，货源分散、货源不稳定等问题仍较为突出，导致中欧班列的经济社会效益总体上与预期仍有一定差距。第三，尽管中欧班列目前取得了较好的发展，然而，相较于贸易需求量而言，依然存在较大的差距。[③] 以上这些问题都是与国际铁路运输法律体系相关的。

二、国际铁路运输法律体系存在的问题

我国与相关"一带一路"沿线国家已经初步建立了《关于深化中欧班

---

① 2018 年，中欧班列共开行 6300 列，同比增长 72%，创年度开行数量历史新高，几乎与 2011—2017 年开行数量的总和相当，回程班列 2690 列，同比增长 111%，回程班列占去程班列比例由 2017 年的 53% 提高到 72%，双向运输进一步趋向均衡。参见许英明：《中欧班列铺就更加畅通的"一带一路"贸易通道》，《中国经济时报》2019 年 4 月 29 日，https：//new. qq. com/omn/20190429/20190429A0564M. html。

② http：//www. gov. cn/shuju/2022-08/20/content_5706118. htm。

③ 参见冉健：《"一带一路"国际合作中的铁路货运模式研究》，《产业创新研究》2019 年第 8 期，第 101 页。

列合作协议》。该协议主要内容包括：一是推动铁路基础设施发展规划衔接，打造中欧铁路运输大通道，共同组织安全、畅通、快速、便利和有竞争力的中欧铁路运输；二是加强全程运输组织，加快集装箱作业，采用信息技术，提高班列在各自国家境内的运行速度；三是推动服务标准统一、信息平台统一，实现全程信息追踪，建立突发情况通报和处理合作机制，保障货物运输安全；四是加强中欧班列营销宣传，扩大班列服务地域，开发新的运输物流产品，推进跨境电商货物、国际邮包、冷链运输发展，促进中欧班列运量持续增长；五是协调沿线国家海关等联检部门，简化班列货物通关手续，优化铁路口岸站作业，压缩通关时间；六是成立中欧班列运输联合工作组及专家工作组，及时协商解决班列运输过程中的问题。[①]

可以说，《关于深化中欧班列合作协议》基本确立了以协议为框架的国际铁路运输合作机制，但是该合作机制仍未就长期困扰国际铁路运输的技术与制度障碍做出明确的安排。这些障碍包括：

（一）铁路轨距不一

由于历史原因，我国铁路轨距与俄罗斯、蒙古国、中亚各国与东欧国家的铁路轨距不一样，中国与大部分西欧国家采用标准轨距，俄罗斯、蒙古国、中亚各国与东欧国家则采取宽轨距，[②] 这样从中国出发的国际列车到中俄、中蒙、中哈的边境，不得不停下来将货物换装到对方铁路车辆或更换轮对之后才能继续行程，然后到了波兰与德国边境又不得不停下来将货物换装到对方铁路车辆或更换轮对之后才能继续行程。在国际铁路联运中，连续几次停车、换车、卸货、重装或更换轮对，会耗费更多的物流时

---

① 七国铁路部门签署《关于深化中欧班列合作协议》，新华网，2017年4月22日。
② 中国与大部分西欧国家使用1435mm的标准轨。俄罗斯、白俄罗斯、哈萨克斯坦等国适用的是1520mm的宽轨。

间，增加物流成本。①

（二）铁路调度和信号系统制式不同

由于各国铁路调度和信号系统的制式不同，国际列车在换装后，要装配相应国家的信号调度设施，而这严重影响铁路周转货物的时间与效率。

（三）反复的货物申报与通关规定

国际铁路货物运输的公约与各国海关法律都对货物申报与通关有规定。《国际铁路货物联运协定》（《国际货协》）附件《国际货约/国际货协运单指导手册》规定：在使用"国际货约/国际货协运单"前，必须提前1个月办理运输商定。② 即发运国发货人要向亚欧铁路运输的经过国承运人和到达国承运人发出运输商定。商定内容包括业务和计划两种商定手续，待所经过和到达国家承运人答复后才能发运。③ 在发展变化迅速的现代社会，市场风云万变，生产和需求都很难于一个月前准确预定。现只有渝新欧班列使用无须提前预报的"亚欧铁路统一运单"，而其他的亚欧运输仍使用"国际货协运单"才能完成跨国的铁路运输。

此种提前预报的严苛规定导致国际铁路联运对运输需求的适应力大打折扣，无法承接无预期而又对运输时间提出要求的订单。此外，欧盟与欧亚经济联盟制定了海关预报规定，也增加了亚欧直通货物运输的繁琐手续，即欧盟海关提前舱单规则（ENS）和欧亚经济联盟预先通报规定。对这些规定，国际铁路联运的承运人和发货方不仅要提前知悉，还要调整运

---

① 覃娜、张坚：《"一带一路"倡议下我国国际铁路货物联运探析》，《对外经贸》2017年第9期，第30-31页。

② http://www.nra.gov.cn/jgzf/yxjg/zcfg/201709/P020170907359255032179.pdf.

③ 《国际货约/国际货协运单指导手册》第14条第2款第1项。

输计划，提前做好准备工作。① 这无疑加大了铁路跨国运输的工作量，降低了工作效率。

（四）沿线国家的市场经济体制和法治水平不一

"丝绸之路经济带"沿线不少国家，特别是铁路合作组织（铁组）成员国的经济体制，尚处在转型过程中，还不符合国际铁路运输市场发展的需要。与我国开展铁路联运的国家，大多数经济发展水平不高，配套基础设施条件差，信息化程度低，难以开展多式联运和分拨，货物仓储和转运也存在困难。中国周边国家和"丝绸之路经济带"沿线国家政治局势不稳定也影响其市场经济体制的完善，再加上法治化水平如其海关和商检政策不透明且经常变化、执法的任意性，也在一定程度上阻碍了国际铁路运输的发展。②

（五）两套规则并存的铁路联合运输

一般而言，在国际铁路货物联运中，托运人需要在一个国家边境车站，重新办理托运手续，并更换下一个国家的铁路承运人才能继续其运输，并且适用的是不同的运输规则，除非两国均参加了统一的国际铁路运输公约，并且该公约允许继续按照同一单证、同一的运输合同继续运输。

然而，当前的国际铁路货物运输实践存在两大区域性公约，即《国际铁路货物运输公约》（《国际货约》）和《国际铁路货物联运协定》（《国际货协》）。在长达半个世纪的冷战时期，欧洲大陆被分裂，不但政治上

---

① 覃娜、张坚：《"一带一路"倡议下我国国际铁路货物联运探析》，《对外经贸》2017年第9期，第31页。
② 覃娜、张坚：《"一带一路"倡议下我国国际铁路货物联运探析》，《对外经贸》2017年第9期，第31页。

隔绝对立，而且经济上互为脱离，以苏联为首的经济互助会与西欧的市场经济构成相互平行的市场。这就是各国铁路规矩不同、运输体系不一的政治经济原因。《国际货约》是在 1890 年制定的伯尔尼公约的基础上发展而来，由奥地利、法国、比利时、德国等国在 1961 年签订。在此背景下，为了对抗西欧资本主义国家主导的《国际货约》体系，1951 年《国际货协》应运而生。主导《国际货协》运输规则制定的是铁路合作组织。铁路合作组织成立于 1956 年，是国家铁路主管部门组成的政府间的合作组织，由前南斯拉夫提出，其成员基本为当时的社会主义国家，包括阿尔巴尼亚、保加利亚、匈牙利、越南、民主德国、朝鲜、蒙古、波兰、罗马尼亚、捷克、斯洛伐克等国。我国于 1953 年加入。

这两项公约早期分属于不同的政治阵营，断绝了立法协商与沟通的可能性。冷战结束后，逐渐缓和的国际关系使合作协商成为可能；但由于长期的割裂发展，不同国家间的法律制度、技术标准和海关手续等方面仍存在着很大的差异。规则的冲突从根本上体现了两个公约在立法精神上各有侧重，作为与市场经济体制相伴生的产物，《国际货约》倾向于保护货方利益，而作为计划经济体制产物的《国际货协》则更注重保护运方利益。[1]从法律规范的内容角度来看，两公约在国际铁路运输的定义、适用范围、铁路货运运单、铁路货运合同等方面规定都存在很多差异。这些在不同的背景下产生的条约反而使得国际运输法律规则更加的复杂化和碎片化。[2]

---

① 曾文革、王俊妮：《"一带一路"视野下亚欧铁路运输条约体系的冲突与协调》，《国际商务研究》2019 年第 1 期，第 63 页。

② 李大朋：《论一带一路倡议下以铁路运输为中心的国际货运规则重构》，《武大国际法评论》2017 年第 4 期，第 48 页。

三、旨在促进国际铁路货物运输竞争的实践探索

缺乏相互操作性是在这两个国际铁路运输规则体系各自支配下运行国际运输系统面临的一个重大难题，其物流成本、运输时间的增加，最终将导致客户选择其他运输方式。为了解决这些问题，许多国家政府和国际机构已经行动起来并正在实施有助于消除障碍的措施和行动，特别是铁路合作组织和 OTIF 以及联合国欧经委对制定国际铁路货物运输统一规则的探索最具典型性，彰显了为欧亚大陆的国际铁路货物运输建立统一、完善的法律规则体系的必然趋势。

（一）铁路合作组织和 OTIF 对国际铁路货物运输统一规则的探索

铁路合作组织和 OTIF 两大国际铁路联运组织曾致力于解决欧亚间铁路运输衔接问题。而由于《国际货协》和《国际货约》属于完全不同的法律体系，所以需要两方商定和解决运送条件、运价问题、海关手续、车辆互用规则、铁路间财务清算等问题。由于《国际货协》和《国际货约》中的运送规则、运输单据等均不一致，亚欧国家之间（如中国与德国）之间的铁路货物运输虽仍可以继续使用，但需要混合适用《国际货协》和《国际货约》，托运人与铁路承运人之间将缔结两个单独的运输合同：一个与《国际货协》成员国内的货物运输有关，另一个与《国际货约》成员国内的货物运输有关。虽然这样可以完成货物运输，但是这将需要在《国际货协》和《国际货约》之间的边界进行重新发货程序。由于历史、政治经济原因，适用于《国际货协》和《国际货约》成员国间的跨亚欧铁路联运货物需要在波兰马拉舍维奇口岸更换单据。

　　理想的做法自然是将现有的处于分裂状态的国际铁路运输规则体系合二为一，从而建立统一的铁路运输规则体系，其好处是可以便利亚欧国家之间（如在中国与德国之间）进行货物和集装箱的国际铁路运输，托运人与铁路承运人只需订立单一运输合同，而无须在《国际货协》和《国际货约》之间的边界进行任何重新发货。

　　当然，任何理想化的设想在国际社会的现实映照之下都显得似空中楼阁一般。于是，退而求其次，《国际货约》/《国际货协》统一运单（CIM/ SMGS 统一运单）往往就成了选择。

（二）CIM/SMGS 统一运单的引入：过程、作用及局限

　　铁路合作组织和 OTIF 两个组织早在 1956 年就提出了以统一运单来解决东西方铁路直通联运的建议，但由于意识形态等分歧，在之后几十年的会议中，不断地因各种问题、各种议题、各种文字表述不能统一而拖延下来。直到 1982 年，铁路合作组织和 OTIF 恢复对话并成立共同工作组，研究《国际货协》和《国际货约》中对实际办理运送业务有重要意义的条款相衔接或统一的可能性。1983—1987 年间共召开了 10 次联席会议，但收获甚微，只统一或部分统一了 17 项条款，并且都逐步纳入《国际货协》和《国际货约》。

　　铁路合作组织和 OTIF 在 1993—2006 年间又经过多次的接洽和内部协商，商定继续进行关于尽可能指定东西方联运货运统一运单的研究工作，在商讨制定统一运单样式特别是在解决责任问题时，采用两种体系运输法解决责任问题的可能性，最终达成了《欧亚联运多式联运的组织和运营问题协定》，并制定了《国际货约》/《国际货协》统一运单（以下简称CIM/ SMGS 统一运单）。

2006 年 7 月，CIM/SMGS 统一运单在乌克兰首次使用，效果很好。此后，在铁路合作组织和 OTIF 的成员国之间得到推广。2011 年 12 月，我国正式执行《国际货协》附件第 22 号《国际货约/国际货协运单指导手册》（以下简称《CIM/SMGS 统一运单手册》）①，之后又分别于 2015 年、2017 年和 2019 年多次修改并重新公布。手册中对欧亚直通铁路运输运单的样式、使用文字、填制内容说明、参加国家铁路、适用条件、费用支付、运输径路及转发地点、协议原则等均做了详尽规定。

执行《CIM/SMGS 统一运单手册》的成员由《国际货协》和《国际货约》两个国际铁路运输组织的成员国组成，其中《国际货约》成员国有 22 个，《国际货协》成员国有 14 个②，基本上包括了亚欧大陆桥铁路运输的主要发运国家和过境国家。近年来，CIM/SMGS 统一运单一直被广泛应用于中欧长途铁路运输中，联合国欧经委内运委也正与其成员一同探索统一运单在波罗的海和黑海区域的铁海联运应用。新版电子 CIM/SMGS 统一运单在 2019 年 7 月 1 日发布。CIM/SMGS 统一运单的使用，在一定程度上，确保了国际铁路运输更加可靠、便捷，在时效性和安全性等方面可与海运一较高低。

近年来，CIM/SMGS 统一运单一直被广泛应用于中欧长途铁路运输中，有人据此认为 CIM/SMGS 统一运单是"统一国际铁路运输规则"的一个极为成功的案例。但是问题是：通过合并《国际货约》和《国际货协》运单的方式进行亚欧间铁路国际联运的协调，是否就意味着推进统一国际铁路联运法律规则的这项事业至此就变得可有可无了呢？本书认为，CIM/SMGS 统一运单的使用只是过渡性质的初步措施，并不能改变各国对统一国际铁路运输规则体系的需求。

---

① 铁道部国际合作司：《国际货约国际货协运单指导手册》，铁道出版社 2011 年版。
② 《国际货约国际货协运单指导手册》列出了各参与国。

首先，CIM/SMGS 统一运单系《国际货协》运单和《国际货约》运单的简单合并，保留了《国际货协》运单原有各栏内容，只是在次序上作了调整，同时新增了《国际货约》运单部分内容，以及与办理转运和发运手续相关的内容，其现有的 119 项内容仍较繁杂。

其次，目前在国际铁路运输中使用的 CIM/SMGS 统一运单不具有物权效力。正因为不具备物权效力，CIM/SMGS 统一运单也就不具备海上提单的物权的性质，使得目前的铁路运单在企业办理押汇担保以及信用证结算方面都受到极大的局限。

再次，CIM/SMGS 统一运单只统一了运输票据，并未改变各自的适用条款。在《国际货协》和《国际货约》适用范围内采用时，统一运单仍然作为各自的运单使用，适用各自的规定。《CIM/SMGS 统一运单手册》规定，在两大政府间国际铁路联运组织各自范围内分别适用不同的运输法规，即在《国际货协》适用范围内采用时，统一运单作为《国际货协》运单使用，适用《国际货协》的规定；在《国际货约》适用范围内采用时，作为《国际货约》运单使用，适用《国际货约》规定。

又次，采用 CIM/SMGS 统一运单并不能改变《国际货约》和《国际货协》中关于责任、赔偿请求等的相关规定。CIM/SMGS 统一运单的使用完全没有涉及铁路运输终端解决机制问题，在铁路运输关系诸当事人之间发生争端，还得分别循《国际货协》和《国际货约》的争端解决机制解决，这对于当事人和铁路货物联运本身非常不利。

最后，CIM/SMGS 统一运单完全没有涉及铁路运输与其他运输方式衔接，考虑到总体协调跨国国际运输对运输规则的需要，依然需要多式联运规则。

由此可见，CIM/SMGS 统一运单的使用，并不能解决因同一次运输过程受制于两个法律规范体系的问题，因而并不能满足各国对统一铁路法的需求。如果说推出 CIM/SMGS 统一运单只是国际铁路运输法律体系之间协调的第一步，那么，终极的目标就在于为欧洲和亚洲之间的国际铁路运输建立统一、完善的法律规则体系。

（三）联合国欧经委对国际铁路货物运输统一规则的探索

如前所述，OTIF 与铁路合作组织不断寻求协调合作，积极推进《国际货协》和《国际货约》的法律和标准统一。2005 年，联合国欧经委多式联运和物流工作组根据当时在莫斯科举行的交通运输部部长会议所通过的一项行动计划，商定了为克服欧洲和亚洲之间铁路运输的主要弱点而进行国际努力的三项战略要点：

（a）建立共同的泛欧洲铁路海关过境制度；

（b）协调铁路运输的边境管制；

（c）谈判统一铁路法。

目前，战略要点（a）取得了进展，2006 年 2 月 9 日通过了新的《在 SMGS 运单中列明的国际货物过境货物运输的海关过境程序公约》。同样，要点（b）也已得到成功处理，欧经委于 2010 年年初批准了《国际货物统一边境管理公约》（1982）关于铁路运输的新附件。唯有从大西洋直接运输到太平洋的铁路运输关系未能处在单一法律制度下调整，对此，统一铁路法要点（c）虽已破题，仍然有待解决。

在国际运输委员会（CIT）/铁路合作组织项目的联合委员会为弥合《国际货协》和《国际货约》之间的实际差异而编写的 CIM/SMGS 统一运单是非常有用的第一步。但是，合同安排并没有消除《国际货协》和《国际货约》以及国内法中的基本强制性法律规定和要求。

2009 年 CIT 呼吁强调铁路企业需要通用法律术语的标准化运输法。且相互重叠的现有法律铁路体制不得相互竞争或相互阻碍，而应进行协调，以使它们相互补充而不是相互冲突，并与其他运输方式，尤其是创造一个与公路运输（CMR）相对公平的竞争环境。

2009 年 11 月，欧经委铁路运输工作组在其第六十三届会议上表示全力支持在泛欧洲地区统一铁路法的所有倡议，并决定成立一个非正式专家组，以编写关于该问题的立场文件。非正式专家组的任务是就泛欧地区实现统一铁路法的方式方法编写一份立场文件。这份完成的立场文件提交给欧经委铁路运输工作组 2010 年 11 月 18 日至 19 日的会议。

到了 2011 年 3 月，联合国欧经委第 73 次会议正式通过《关于在欧洲地区和欧亚铁路运输通道实现统一铁路法的立场文件》，并决定成立"联合国欧经委内运委统一铁路法正式专家组"。立场文件明确表明"采取逐步渐进的方法""朝着统一协调或统一铁路法的方向迈进"，并指出这是"根据行业需求提供量身定制的短期解决方案"，并同时为建立从大西洋到太平洋的铁路运输单一制度的长期计划建立基准，并特别强调 OTIF、铁路合作组织以及其他政府间和非政府铁路和货运组织的法律专业知识和使命是必不可少的。为此，应充分利用 CIT 和铁路合作组织"运输互操作性 CIM/SMGS"项目中已经存在且运作良好的工作机制。这足以表明，联合国欧经委并无以新的"统一铁路法"替代现有的国际铁路运输规则体系的意图。

2011 年年底，联合国欧经委内运委起草了政策性文件《在统一铁路法领域欧亚铁路运输协作和活动的共同宣言》，并于次年几经研讨后最终得到确定；直至 2013 年 2 月，来自 37 个欧亚国家的运输部部长签署了《关于发展欧亚铁路运输暨建立统一铁路法共同宣言》，承诺在联合国框架内正式开始协调统一的铁路运输法。该共同宣言指出：各国将致力于采取一系列战略措施，包括实行统一的规定和法律标准，简化过境手续；对各运输领域的现定国际协定（铁路、公路、航空、内河、海运）以及与其相关的协定进行分析，以明确对编制统一铁路法具有重要意义的规定和程序；统一国际铁路运输法，实现大西洋至太平洋采用统一法律制度办理铁路运输；确定统一铁路运输法管理体系，并借鉴铁路领域国际组织（铁路合作组织、OTIF）的经验；完善退关电子文件周转和智能运输系统。

2015 年 10 月，欧经委内运委统一铁路法工作组提出新的制定统一铁路法使铁路运输在单一的法律制度下进行有关的法律条文草案及说明，基本勾勒出了统一铁路法的框架结构，为《国际货约》及《国际货协》所辖亚欧各国国际铁路联运法律规则的统一和融合做出了贡献。

2016 年 2 月 26 日，欧经委内运委呼吁铁路及其国际组织在可能的情况下测试一组由欧经委内运委统一铁路法工作组起草的新法律条款。2016 年 9 月，铁路首席执行官同意进行试点测试以尝试使用该"统一铁路法"的草案。

2017 年年底专家组参照 COTIF/CIM 1999 和国际货协 2015 的规定，起草了国际铁路货物运输的法律规定。

2018 年 2 月，欧经委内运委批准再次延长统一铁路法专家组的任务期限，其权限包括起草可被采纳为具有法律约束力的统一铁路法的文件（或文件系统）；讨论关于危险货物运输的一般规定、关于使用货车的一般规定、关于铁路基础设施的一般规定和关于机车车辆的一般规定。

"统一铁路法"文本尚未被正式采用，"统一铁路法"的准确法律性质（它是否能成为一项国际公约）仍有待最后确定。尽管尚未生效，但是它可以在运输合同双方之间的相互协议的基础上作为一般条款和条件的一部分以应用其规定。例如，现在已经到了试点测试"统一铁路法"运单的最终版本的关键节点，可以从该关键点进行大规模试用。欧经委内运委还在继续邀请所有有兴趣在欧洲和亚洲之间进行铁路货运的铁路企业参加有关"统一铁路法"应用的试点测试，并建议它们应预先获得相关政府机构的支持，与相关的铁路企业合作，确定合适的走廊和连接线，并澄清所有悬而未决的实际问题。①

四、"丝绸之路经济带"国际铁路货物运输统一规则的实现进路

在"一带一路"建设背景和中欧班列加快运行的形势下，减少两套铁路运输法律规则体系所造成的运输壁垒，主力贸易畅通，并增加市场竞争力，已开始成为国际铁路联运行业最大的需求痛点。我国具有引领国际铁路货物运输规则体系统一化的地位和责任。

（一）参与国际铁路运输统一规则制定的思路

在中国"一带一路"倡议内的中欧班列蓬勃发展的良好趋势下，针对目前"一带一路"沿线国际铁路运输存在的问题，我国应积极在"一带一路"沿线相关国家《关于深化中欧班列合作协议》的框架下，继续深化合作，彻底解决国际铁路运输的技术与制度障碍，积极参加国际铁路运输规则的立法活动。

中国积极参与国际铁路运输规则统一化制定的目标应该是：在积极参与活动的同时贡献中国的智慧，在国际铁路运输规则统一化谈判中争取到更多的话语权，也最大程度地把自己的主张融入国际铁路运输统一法律规

---

① UNECE, Presenting the Unified Railway Law（URL）as a new UNECE statutory instrument for the international transport of goods by rail，January 2019.

则中去，从而为我国的国际铁路货物运输提供法律上的保障，为丝绸之路经济带建设创造良好的运输法律环境。

除了积极参与国际铁路运输规则统一化立法活动之外，针对当前"一带一路"建设和中欧班列对国际铁路运输统一法律规则的需求，建议我国推动与此相关的机制改革（包括铁轨的同轨化和边境通关的便利化），也要推动"一带一路"沿线国家的市场化机制改革，以市场化的机制促进国际铁路运输规则统一化立法和有关机制改革。

1. 齐头并进的机制改革

制定统一铁路运输规则的前提是推进并行的国际铁路机制改革，同时以市场需要倒逼规则制定。

（1）统一国际铁路运输的技术标准和管理规定

由于地缘政治和国家利益的影响，直至现在，各国的铁路轨距仍未能够统一制式轨距。[①] 亚欧各国铁路轨距标准不一源于各国维护国家安全的考虑，但实则是缺乏互信及合作的体现：部分国家和地区会坚持维持现有的轨道标准，如俄罗斯为了维持其在中亚地区的主导地位与掌握权，对于在冷战时期苏联地区修建的轨距为 1520 毫米的宽轨铁路一直沿用至今，并组织中亚各国签订了《1520 毫米铁路合作统一原则声明》《关于在 1520 空间发展物流潜力和多功能运输工艺的宣言》等条约。[②] 即使中亚国家为了联通中欧市场，原意修建标准轨距的铁路，但由于新修标轨无法与国内原有的轨道体系衔接，也将造成国内运输体系的紊乱。各国的铁路调度、信号、车辆的规格规定也不一致，铁路管理层次繁多、所属者不统一、管理

---

① 覃娜、张坚：《"一带一路"倡议下我国国际铁路货物联运探析》，《对外经贸》2017 年第 9 期，第 32 页。

② 董千里：《基于国际中转枢纽港战略理论的中欧班列集成运作研究》，《科技管理研究》，2016 年第 36 期，第 230—231 页。

者利益不同，阻碍了铁路的建设和有效营运，极大地影响了铁路的货物周转性能和国际经贸的发展。所以，亟须制定一个统一的运输规则和统一的铁路基础设施规格，形成便利的直通运输渠道，消除各国铁路基础设备设施、客货运输、运营管理的通用技术障碍，实现铁路基础设施"无缝"对接。具体可由国际组织制定相应的战略，各国政府共同遵照执行，如欧洲铁路行业代表与欧盟委员会共同制定的"欧洲 2020 年铁路研究共同战略"，根据该战略，要求在未来 20 年内，欧洲铁路研究的主要课题是技术设备的统一或互用、远程信息处理、铁路运输安全和环境保护。

（2）协调铁路沿线各国通关机制

国际铁路运输的货物沿途至少要经过两个国家的海关，不同国家海关的检验检疫要求不一致，存在通关手续多、时间长、成本高、重复查验等问题，导致通关效率不高。我国应与铁路沿线国家海关建立国际合作机制，开展信息互换、监管互认、执法互助的海关合作，扩大海关间监管结果参考互认、商签海关合作协定等。我国于 2017 年 7 月 1 日起实施全国范围内的海关通关一体化办理，企业可以在任意一个海关完成申报、缴税等海关手续，这将使经由国际铁路运输的货物申报更自由、手续更简便、通关更顺畅。同时还需推进检验检疫一体化，加强沿线国家检验检疫国际合作，推进疫情区域化管理和互认，沿线检验检疫机构间实施"通报、通检、通放"，对符合条件的铁路班列集装箱货物实施免于开箱查验、口岸换证等政策。对运行需通过多个国家的中欧班列来说，应实现目的地通关，而途经的海关口岸只配合运输，正规的运输单、报关单、装箱单等都随货发到目的地，由当地海关、商检等进行处理即可，以在运输过程中节省办理手续时间。[①]

2. 以市场需求力量推动立法和改革

制定统一的国际铁路运输规则是应国际货物运输市场发展的需要，服务于国际货物运输市场发展的需要。国际铁路运输市场的发展取决于国际贸易的发展，同时主要服务于国际贸易。欧亚国际贸易扩展的需要最终决定统一的国际铁路运输规则的制定进程。以在欧亚贸易中执牛耳的中欧贸易威力，如果中欧贸易持续迅速增长，就有较大可能去推进统一的国际铁路运输规则的形成。受目前中欧贸易结构影响，在对欧贸易中，进口额只有出口额的六成左右，进口货源少于出口货源，中欧班列回程空驶率高导致班列运营成本居高不下。除继续发展出口，中国贸易商也应积极发掘和优化进口商品清单，如增加欧洲和中亚的优质农牧产品、资源型产品及其他特色产品。"一带一路"倡议将大力推进沿线国家间的经贸往来，根据战略规划，我国与"一带一路"沿线国家间的贸易总量将年均增长 10% 以上。日益频繁和增长迅速的经贸往来，会促进国际铁路货运量的增加。此外，李克强总理提出了四大举措以促进跨境电子商务健康快速发展，用"互联网+外贸"实现优进优出，扩大消费，推动开放型经济发展升级，打造新的经济增长点，鼓励跨境电子商务零售出口企业促进外贸提速放量增效。同时，《国际货协》取消了对邮政物品的运输限制。在重庆、乌鲁木齐和郑州等地，中国邮政快递已经开始用"渝新欧""郑欧快铁"等国际集装箱班列发运邮政快递班列。我国周边国家大多经济单一，以资源、农副产品为主，缺乏完整的国民经济体系和工业基础设施。而在我国发展迅速的跨境电商则以轻工业产品、日用消费品和食品为主，因此，完善中欧

---

① 覃娜、张坚：《"一带一路"倡议下我国国际铁路货物联运探析》，《对外经贸》2017 年第 9 期，第 32 页。

及周边市场布局，能极大地弥补周边国家的市场供给不足。我们可以发挥跨境电商灵活、便利的优势，在接收国和发运国设立保税仓，充分利用既有的中欧班列和与周边国家的铁路班列完成运输，让跨境电商助推欧亚货物运输市场①，从而推进国际铁路运输规则的统一立法。

顺带来说，促进铁路合作组织成员国家市场体制的建设及能力建设也是市场化力量倒逼统一铁路运输规则制定的手段。铁路合作组织成员国的经济体制和法治化水平，还不符合国际铁路运输市场发展的需要。统一国际铁路运输规则的形成离不开参与国家市场体制和法治的趋同。为此，必须促进沿线国家市场体制的建设及能力建设。

3. 在参加谈判中应秉持的策略

在制定国际铁路货物运输统一规则时，可以保留《国际货协》与《国际货约》中共同的规则，而对于两者之间不同的规则，则既可以趋同，又可以择优吸收。因此，要仔细评估两套国际铁路运输法律规则的异同，据以确定哪些规则相同相通可以保留；而在存在差异的情况下，确定哪个协定的哪些规则应优先保留；还有根据需要增加制定哪些规则。

我国在推动统一亚欧铁路国际立法的过程中，应秉持"共商、共建、共享"的原则，借助"一带一路"优势平台，与沿线各国共同成为规则制定的参与者和引导者，推进新的统一国际铁路立法的形成。

（二）参与国际铁路运输统一规则的进路

在考虑到国际铁路运输统一规则的实现进路时，推动联合国欧经委"统一铁路法"的立法进程，是当下首要的实现路径。但是，在欧经委的

---

① 覃娜、张坚：《"一带一路"倡议下我国国际铁路货物联运探析》，《对外经贸》2017年第9期，第32页。

"统一铁路法"成为国际公约的前景尚不明确的前提下，必须为此考虑其他实现进路。本书提出中国加入 OTIF 及《国际货约》规则体系、推动铁路合作组织成员国加入《国际货约》规则体系和另行推动国际铁路货物运输领域的统一立法三个并行或替代方案。

1. 推动联合国欧经委"统一铁路法"的路径

2014 年 4 月，联合国欧经委运输委统一铁路法专家组第 7 次会议，提出了分步骤制定统一国际铁路运输规则，并应参考《国际货协》和《国际货约》相关规定，以避免产生与两个公约相对立的"第三法"。根据统一铁路法专家组的提议，联合国所制定的统一铁路运输规则在最初阶段将不触及《国际货协》和《国际货约》适用范围内的国际铁路货物运输，而且各方可按自愿原则加以采用，即只有当运输合同各方决定采用且将其写入运输合同时，才对该运输合同适用统一铁路法。

制定国际铁路货物联运统一规则是重要的国际立法活动，对中国铁路企业"走出去"具有很大的推动力。中国是铁路合作组织的成员国，随着中国国际地位的日益提升，加上中国相对成熟的高铁技术，中国应当在国际铁路运输规则制定等事务中发挥更大的作用。尤其"一带一路"建设与国际铁路货物运输统一规则具有较强的关联性，因此积极参与联合国欧经委"统一铁路法"有关国际联运铁路统一运输规则的研究与研讨活动非常必要。

2015 年，联合国欧洲经济委员会内陆运输委员会（简称内运委）统一铁路法工作组提出新的《制定统一的国际铁路货物运输法，使铁路运输在单一的法律制度下进行有关的法律条文草案》及说明，基本勾勒出了"统一铁路法"的框架结构。

"统一铁路法"文本尚未被正式采用，它是否能成为一项国际公约仍有待最后确定。但是，可以在运输合同双方之间的协议基础上作为一般条款和条件的一部分以适用其规定，为此，联合国欧经委内运委呼吁铁路企业尽可能地检视"统一铁路法"草案的成效。很多铁路企业在实践中对其进行了检验，可以说"统一铁路法"及其运单的最终版本出台在即。对此，建议中国铁路总公司与有关铁路公司合作，在国家铁路局的支持与协调下，联合有关外国铁路公司对"统一铁路法"草案进行实效检验。

参加试点测试"统一铁路法"活动，不但有助于解决"统一铁路法"草案悬而未决的实际问题，而且有助于在后面的反馈中贡献我们的智慧，在国际铁路货物运输统一规则立法活动中争取到更多的话语权，最大程度地把中国主张融入国际铁路运输统一法律规则中去。

2. 中国加入 OTIF 及《国际货约》规则体系的路径

加入 OTIF 及《国际货约》规则体系，是与推动联合国欧经委"统一铁路法"并行的路径。不管经由联合国欧经委的铁路运输规则统一化立法路径的结果如何，目前我国应考虑加入 OTIF 及《国际货约》的规则体系中去。加入 OTIF 不但可以为我国与欧亚大部分国家之间的铁路货物运输创造统一适用的铁路运输规则体系，也有助于促进亚欧大陆铁路运输规则的统一。加入的具体理由如下：

第一，目前来说，无论是适用范围还是影响力，《国际货约》大于《国际货协》。[1]《国际货约》的使命是促进、改善和促进铁路国际交通。具体而言，包括成员国之间建立统一的法律制度。截至目前该公约有 50 个来自欧洲、亚洲和北非的成员国，自 2011 年 7 月 1 日起，欧盟作为区域经济一体化组织整体加入公约，以至于欧盟各国受公约约束。欧盟现有 28 个

---

[1] 莫世健、陈石：《论国际铁路运输公约对"一带一路"的重要性》，《山东科技大学学报》（社会科学版）2016 年第 2 期，第 31 页。

成员国，也就意味着原来不是公约成员国的塞浦路斯、马耳他和现在脱欧的英国这三个欧盟国家，也因为欧盟的整体批准加入而被纳入了该公约体系中，使得《国际货约》的影响力在欧洲国家间加强，以至于欧洲国家间的铁路货物运输主要受《国际货约》规则体系的约束。特别是《国际货约》适用范围除了适用始发地与目的地，还允许仅一地为成员国但合同当事人选择《国际货约》作为准据法的情形。以至于《国际货约》规则体系中的欧洲国家和中国间的铁路货物运输也可能因为合同当事人的选择而适用《国际货约》。那么仅允许货物的始发地和目的地均位于缔约国才可以适用《国际货协》的这一规则体系，在欧洲国家乃至全球的影响力都会受到很大限制，在这一情况下，就仅剩下发货的始发地和目的地均为中国、阿塞拜疆、阿富汗、白俄罗斯、越南、哈萨克斯坦、朝鲜、吉尔吉斯、摩尔多瓦、蒙古国、塔吉克斯坦、土库曼斯坦、乌兹别克斯坦这 13 个国家之间的铁路货物运输纠纷会适用该体系。否则，只要货物的始发地与目的地中有一国为《国际货约》成员国，那么就有可能因为合同当事人的法律选择而适用 CIM 规则体系解决纠纷。由此可见，《国际货协》体系对于"一带一路"构想中的国际铁路运输影响非常有限。因此我国应加入《国际货约》的规则体系中去。

第二，尽管两者不少内容都很相似，但是《国际货约》更能满足铁路与其他运输方式多式联运的现实需求。例如，关于承运人责任中的免责问题，《国际货协》第 22 条第 2 款规定，只要存在铁路不能预防或者不能消除的情况，铁路就可以免责，这样的规定与《海牙规则》等海运规则如出一辙。考虑到海运的风险，这样的规定是合适的，但是对于其他相对安全的运输方式而言，这样的规定就显得过于偏袒运方了，《国际货约》就没有这一免责事由。又如，关于运输合同的变更，依据《国际货协》第 19

条，发货人仅可变更到站、收货人、取回货物、将货物返还发站这四种方式来变更运输合同。而依据《国际货约》第 22 条，托运人还可以指示在运输途中将货物停留、延期交付货物，因此如果在货物运输途中，买方出现违约，托运人就可以作出上述指示，从而避免损失。再如，在发生争端时，依据《国际货协》第 28 条、29 条，索赔人必须先向相关铁路提出索赔请求，发送人向发送铁路提出，收货人向到达铁路提出，如果索赔不成，才能够提起诉讼。而依据《国际货约》第 43 条，索赔人不必先提出索赔请求，可以选择对始发地、目的地或造成诉讼原因的铁路直接提起诉讼。可以看出，《国际货约》对货方的保护更为全面，也更能反映国际铁路运输的现实需求。

《国际货约》规则体系的原则、具体规范正引领全球的铁路运输秩序，中国即便不加入《国际货约》规则体系，也不可能置身于规则体系之外，而中国的托运人或承运人等合同当事人都可能被迫地接受《国际货约》规则体系，以至于 CIM 规则体系实际影响着中国各方当事人。如果我国也加入《国际货约》，亚欧大陆绝大部分国际铁路运输将适用《国际货约》，从而缓解国际铁路运输规则之间的冲突。综合上述原因，我国应该尽快加入《国际货约》。实际上，《中国—国际铁路运输政府间组织合作谅解备忘录》也为中国加入《国际货约》提供了可能性。更重要的是，加入《国际货约》成为国际铁路运输政府间组织的成员国，既方便我们学习借鉴其他国家在铁路法规和技术管理方面的先进经验，又可以以一个铁路大国的身份通过参加该国际组织的活动影响国际铁路运输法的发展乃至其走向。

3. 推动铁路合作组织成员国加入《国际货约》规则体系的路径

推动铁路合作组织成员国加入《国际货约》规则体系是与中国加入 OTIF 及《国际货约》规则体系并行的路径。

联合国欧经委的"统一铁路法"立法进程漫长，理论上而言，铁路合作组织成员国全体加入《国际货约》是解决在欧亚国际铁路货物运输中存在问题的一种方法，即包括中国在内的铁路合作组织成员国加入《国际货约》规则体系，以加快促进亚欧大陆铁路运输规则的统一。推动铁路合作组织成员国加入《国际货约》也不失为一条实现进路，主要是基于以下考虑。

第一，铁路合作组织是冷战背景下的产物，更是计划经济的产物。在各国争相实施市场经济体制的潮流驱动下，铁路合作组织应当终结其历史使命。

第二，《国际货协》相较于《国际货约》处于劣势，应让位于适用范围和影响力均已超过《国际货协》的《国际货约》，参加相对于《国际货协》更能反映铁路与其他运输方式多式联运现实需求的《国际货约》。而即使铁路合作组织成员国未能终止铁路合作组织，也不影响所有的铁路合作组织成员国加入《国际货约》规则体系。

第三，《国际货约》自身也亟待现代化升级，从而为铁路合作组织成员国以平等的身份创制新的《国际货约》规则提供条件。当下的《国际货约》也不能完全满足国际铁路货物运输的实际需求的情形。未来的国际物流趋势是发展多式联运、电子通关和无纸化，《国际货约》的许多规定也已经相对落后，在一些重要的实践操作领域愈显乏力，尤其是应对多式联运的趋势。因此，《国际货约》进行修改乃至重新谈判的时机已经成熟，恰恰这个时机同时也可以成为扩大成员国的契机。

综合上述原因，有观点认为，铁路合作组织成员国应该尽快加入《国际货约》并最终以《国际货约》统一亚欧大陆国际铁路运输规则。那么，怎样使铁路合作组织成员愿意加入《国际货约》呢？

要把握"一带一路"建设提供的前所未有的机会。正在大力推进"丝绸之路"国际铁路运输大通道建设的中国，要充分认识到"一带一路"建设的重要性，它是把铁路运输规则统一起来的最佳时机，应认识到"一带一路"和本地区经济整合就是这一逻辑的现实展开。首先，中国应尽早加入 OTIF 的《国际货约》，这将给"一带一路"沿线国家起到示范作用，鉴于欧亚之间的物流主要在中欧之间发生，中国加入《国际货约》在一定程度上可以缓解两大铁路运输规则体系的冲突。其次，中国应通过外交手段使铁路合作组织成员国充分认识到建立统一适用铁路运输规则体系的重要性，形成共同参加《国际货约》的共识；中国应利用自己的经济影响力，借助"一带一路"建设平台，大力推动铁路合作组织成员全部加入《国际货约》规则体系。

（三）推动新的统一国际铁路货物运输规则的制定

推动新的统一国际铁路货物运输规则的制定，是未能成功推动联合国欧经委"统一铁路法"的替代方案，也是未能成功推动铁路合作组织成员国加入《国际货约》规则体系的替代方案。考虑这个进路的理由有二：

第一，不得不注意到有的国家出于对自己利益的考虑，对"统一铁路法"尚有所保留。事实上可能遇到的最大困难是俄罗斯的态度。俄罗斯的态度对于谈判成功至关重要。由于历史的原因，俄罗斯在《国际货协》成员国（主要是白俄罗斯和中亚国家）中的影响力不可小觑。受其影响，白俄罗斯和其他中亚国家对待统一铁路运输规则谈判的态度也不是很明朗。这些因素导致联合国欧经委的统一铁路法草案的公约化进程长期化的可能性极大。

第二，需要考虑到铁路合作组织成员国加入《国际货约》规则体系特别是放弃《国际货协》的意愿。在长达半个世纪的冷战时期，欧洲大陆被分裂，不但政治上隔绝对立，而且经济上互为脱钩，以苏联为首的经济互助会与西欧的市场经济构成相互平行的市场。这就是各国铁路轨矩不同、运输体系不一的政治经济原因。从某种意义上说，俄罗斯的态度可能是影响甚至阻碍铁路合作组织成员国加入《国际货约》特别是放弃《国际货协》的最大障碍。事实上，为了保持对中亚的影响力，俄罗斯曾多次组织中亚各国签署铁路建设条例，如《1520 毫米铁路合作统一原则声明》《关于在 1520 空间发展物流潜力和多功能运输工艺的宣言》等协定，以排斥其他国家借由铁路联通对中亚地区施加影响力的可能。显然，基于特殊轨距的俄罗斯、蒙古与中亚铁路，是与俄罗斯在铁路合作组织成员国中的影响力联系在一起的。俄罗斯是不会轻易放弃铁路合作组织的。由于铁路合作组织关于《国际货协》的一切决议，在部长级会议层面实行一票否决制，即部长级会议的任何决议的做出需经成员方的一致通过,[1] 因此，只要俄罗斯反对，铁路合作组织就不可能解体。并且，即使所有的铁路合作组织成员国均加入了《国际货约》规则体系，在其相互之间的铁路运输中适用《国际货约》的规定，货物运输合同的执行必然会与特殊的货车、基础设施用车、危险货物运输车辆和机车车辆使用发生冲突。

基于此，推动新的统一国际铁路货物运输规则的制定，也不失为一种现实的选择。申言之，在协调欧经委统一立法的工作中，必须以长远的眼光看问题，在技术标准制定、合同规范、责任分配等方面统筹考虑其他运输方式的特点，使规则之间有接轨空间，为将来多式联运新规则的制定奠定基础，留足空间。在此基础上，亦可以考虑另起炉灶，在国家冲突与经济、法治日益交融的环境里推动新的统一国际铁路货物运输规则的制定，打造最符合国际铁路货物运输需要的规则体系。当然，这一实现路径谈判的难度和时间跨度会更大，对中国的影响力和中国铁路外交的考验也更严峻。

---

[1] 铁路合作组织章程第七条。

第八章
"一带一路"国际商事争端预防与解决合作机制

　　"一带一路"是弘扬古代丝绸之路精神的合作共赢之路，也是推动构建人类命运共同体的创新实践之路。截至目前，"一带一路"倡议已经得到150多个国家和地区的积极响应，有力地推动了世界贸易和投资的自由化便利化发展。然而，由于"一带一路"涉及的地域广阔，参与的主体众多，各个国家和地区在民族、种族、宗教、文化、意识形态和经济发展水平等各方面存在差别，容易滋生各种矛盾和冲突，因此，随着"一带一路"合作的不断深化，"一带一路"沿线国家在国际贸易、国际工程承包、国际物流、跨境投资、知识产权、金融、税务等问题上难免会发生争端。因此，公正高效地解决争端是"一带一路"建设顺利推进必不可少的要素。建立科学的争端预防与解决合作机制是推进"一带一路"建设行稳致远的前提，也是营造"一带一路"法治化营商环境的重要举措，又是将"一带一路"合作提升到更高水平的保障，更是"一带一路"合作机制建设的关键。

　　本章将首先探讨"'一带一路'争端预防与解决合作机制"的基本定位，然后就"一带一路"沿线地区特别是我国现有商事争端解决机制及其存在的问题进行分析，接下来将介绍国际商事争端解决领域的新发展对预防与解决"一带一路"商事争端的初步启示，最后结合《关于建立"一带一路"国际商事争端解决机制和机构的意见》，在已经建立的国际商事争端预防与解决组织的基础上，解析"'一带一路'商事争端预防与解决机制"的构建实践，并提出完善该机制的具体建议。

一、"一带一路"国际商事争端预防与解决机制的定位

（一）"一带一路"商事争端预防与解决合作机制首先是若干解决商事争端的实体机构的有机组合，同时是一套具有预防和解决商事争端的机制

目前在国际上，存在很多争端解决中心，较为公认的有伦敦、新加坡、中国香港等地的争端解决中心。这些地区往往集中了众多的司法、仲裁或调解机构，并且通常设有专门的实体机构意义上的国际仲裁中心，可为世界上其他国家和地区发生的商事争端提供优质的仲裁、调解等服务。另外，这些知名的"中心"一般都制定有先进的法律及仲裁规则，经常被世界上其他国家和地区的司法、仲裁和调解机构所借鉴。我们所说的"一带一路"商事争端解决合作机制就应承担起前述国际上知名的争端解决中心的功能。这些争端解决中心从解决争端的实体机构到确保各种争端解决的内在机理，也应该是"'一带一路'商事争端预防与解决合作机制"应有的内涵之一。

我国按照《人民法院组织法》设立了完整的法院系统，其中多数法院按照《民事诉讼法》和最高人民法院的有关文件，行使着国际商事争端的管辖权。同时，我国按照《仲裁法》设立了大量的仲裁机构，构成了庞大的仲裁机构网，目前越来越多的仲裁机构可以对国际商事争端行使管辖权。另外，随着法律服务市场的开放，很多国际商事仲裁机构被逐步引

入，国际上许多知名商事争端解决机构，如香港国际仲裁中心、新加坡国际仲裁中心和国际商会仲裁院都已在上海自贸区设立办事处。这将有助于我国利用这些国际商事仲裁机构，拓宽争端解决的选择渠道。另外，根据《民事诉讼法》，我国的法院在审理案件时可以对争端进行调解，仲裁机构按照《仲裁法》及其仲裁规则也可在庭审案件时进行调解，除此之外，还设有一些可处理国际商事争端的调解机构。

然而，从功能上，本书所指的"'一带一路'商事争端预防与解决合作机制"，除了前述我国法院、仲裁机构、调解机构或设在我国的仲裁机构等实体机构承担的解决商事争端的功能外，还要承担预防争端的功能，即降低争端的实际发生率并预防和阻却当事人之间关系趋于恶化。从形式上，"一带一路"商事争端预防与解决合作机制，不仅包含了若干个专门解决"一带一路"建设中产生争端的实体机构，而且也包括各机构之间及其与国际有关机构之间已经形成或将要形成的争端预防与解决的合作机制，体现了中国的预防和避免争端发生的法律服务能力、解决争端的司法公信力或仲裁的国际影响力。

总之，"'一带一路'商事争端预防与解决合作机制"是在完善现有争端解决机制的基础上，结合预防与解决"一带一路"争端的迫切现实需要，完善并打造针对特定类型案件的若干专门性争端解决机制的总和。换言之，"一带一路"商事争端预防与解决合作机制主要是一个抽象意义上的"一带一路"争端预防与解决"中心"概念，却由若干具体意义上的争端解决机构所组成，它们有着自身丰富和完整的机制内涵。

（二）"一带一路"争端预防与解决合作机制不是一个统一化的中心，而是一个分散化的架构

"一带一路"潜在的争端复杂多样，如果要设立一个统一化的"一带

一路"争端预防与解决机构，其既要解决私人主体间的商事争端，又要管辖私人与国家间的投资争端，还要处理国家间的贸易争端，否则是不能适应不同争端解决的不同需求的。考虑到不同类型争端在主体、性质、法律渊源、救济途径、争端解决方法等方面存在较大差异，应分别从利用与完善现有的商事争端解决机构或构建新的商事争端解决机构、利用与完善私人与国家间投资争端解决机构和利用国家间经贸争端解决机构三个方面入手，即以商事争端预防和解决机构预防与解决商事争端，以现有的双边投资协定所内设的投资者-国家争端解决机制来管辖私人与国家间的投资争端，以双边的临时磋商或 WTO 争端解决机制来处理国家间的经贸争端。

事实上，从"一带一路"沿线国家之间的现实来看，这样一个单一的"一带一路"争端预防与解决机构不太可能存在。设立一个全新的综合性"'一带一路'争端预防与解决中心"，需要考虑该机构的设立依据、法律地位、案件类型、管辖范围、运营方式、所在地等诸多问题，具有较大难度。例如，该机构是作为一个依托某项新的国际公约而成立的国际组织，抑或仅仅只是依据我国国内法成立的社团法人？又如，该机构所管辖的案件类型是仅限于私人之间的民商事争端，还是同时包括混合争端及国家间争端在内？该机构应设在境内还是境外？如将该机构设在我国境内，不仅要求我国在建立预防与解决"一带一路"争端的实体机构过程中承担主要责任，更需要考虑我国国内法律如何配套，以及如何确保其权威和司法公信力。如果选择将该中心设在其他国家和地区，则需要"一带一路"沿线各国充分协商，共同选定其所在。概括而言，设立这样一个统一的实体机构，既不符合现阶段的国际、国内现实，也不符合争端解决专门化的分类管理需要，操作可能性较低。从解决"一带一路"沿线可能出现的不同类型争端的实践需要来看，"'一带一路'争端预防与解决机制"只能是一个分散的、多元化的体系。

"一带一路"国际商事争端预防与解决合作机制不是一个能够解决所有类型争端的综合性中心，服务于"一带一路"的国际法上的争端预防与解决机制应仅限适用于国际商事争端。作为一个多元化的争端解决机制，"一带一路"国际商事争端预防与解决合作机制注定是个分散化的架构，其组织机构和争端解决程序规则并不适用一套单一的体系。

（三）"一带一路"国际商事争端预防与解决机制是国内机制与国际机制的混合物

根据设立主体和设立依据的不同，争端预防与解决合作机制可分为国内法上的争端预防与解决机制和国际法上的争端预防与解决机制。"一带一路"有关的争端预防与解决机制既可以是国内的机制，也可以是国际上的机制，各有利弊。国内法上的商事争端预防与解决机制，较易设立，但其国际信誉的建立则需时日。国际法上的争端预防与解决机制的设立，则受制于各种现实因素以及谈判意愿和成本的制约。然而，"一带一路"及相关争端的特点，决定了这样的争端预防与解决机制最好是一个既非纯粹的国内机制，也非纯粹的国际机制，而是一个国内机制与国际机制的混合物。相应地，作为"一带一路"国际争端预防与解决机制硬件的争端预防与解决机构，也应是国内法上的机构和国际法上的机构的混合物。

国内法上的商事争端预防与解决机构应是特定国家依据其国内法设立的国内机构。由于各国法律确认的方式不同，不同国家的争端解决机构具有不同的法律地位。凡按照《民事诉讼法》行使涉外民商事案件管辖权的我国法院，均属于"一带一路"争端预防与解决机构之司法机构部分。除此之外，除了中国国际经济贸易仲裁委员会（以下简称为"贸仲委"）和中国海事仲裁委员会以外，新兴的涉外仲裁机构（包括原国内仲裁机构的转型）包括北京仲裁委员会（北京国际仲裁中心）、上海国际经济贸易仲裁委员会（上海国际仲裁中心）、深圳国际仲裁院（华南国际经济贸易仲裁委员会）、香港国际仲裁中心，以及由广州仲裁委员会、香港、澳门地区的仲裁机构及法律专家共同组建设立的南沙国际仲裁中心等。总括起来，凡根据《仲裁法》和有关法规可行使国际商事案件的管辖权的仲裁机构，均属于"一带一路"争端预防与解决机构之仲裁机构部分。

国际法上的商事争端预防与解决机构，应根据国际条约或由国际契约设立。以区域性的"吉隆坡区域仲裁中心"（Kuala Lumpur Regional Centre for Arbitration，KLRCA）和全球性的"解决投资争端国际中心"（International Center for Settlement of Investment Disputes，ICSID）为例。"吉隆坡区域仲裁中心"由亚非法律协商委员会建立，是一个具有独立性和非营利性的非政府间国际机构，专为亚洲地区提供国内仲裁和国际仲裁服务。而"解决投资争端国际中心"则基于多边公约《解决国家与他国国民间投资争端公约》（《华盛顿公约》）而创立，专门解决投资者与东道国之间的投资争端。ICSID属于政府间国际组织，虽然是世界银行集团的组成部分，但具有独立的法律地位。

考虑到"一带一路"是一项宏大的国际性工程，同时关系着亚、非、欧三大洲100多个国家，从早日赢得国际信誉和在预防与解决"一带一路"相关争端方面发挥独特作用出发，还是应由中国牵头发起倡议并谈判，推动构建一个国际法意义上的争端预防与解决机构。

二、"一带一路"商事争端解决现状与问题

商事争端主要是指私人主体在商事交往过程中产生的违约和财产性侵

权纠纷。由于商事关系往往基于商事合同，其中大都会约定争端解决方式，因此违约纠纷一般都可以按照合同约定的方式解决。有些侵权纠纷，也可以由双方在事后达成约定解决。通过合同和双方协商所不能解决的商事争端，一般可以通过诉讼和非诉讼方式解决。

（一）"一带一路" 商事争端的诉讼解决

依据一国国内法，诉讼是最根本的争端解决方式。"一带一路"沿线大部分国家都能提供基本的司法救济手段。但要想通过当地诉讼解决国际商事纠纷，仍存在较大难度和一系列的问题：

1. 沿线各国法律制度差异大。"一带一路"沿线既有大陆法系和英美法系国家，又有政教合一的国家，还有一些国家的法律同时融合了这几种法系的特征。各国法律制度差异很大，对于从事跨国商事活动的外国私人公司而言，很难掌握甚至通晓当地法律。

2. 沿线多国政局不稳、法治程度不高。有些国家战乱和恐怖活动频发、政局不稳定，例如，伊朗、阿富汗、也门。有的国家则因为独立或分立不久，法治建设起步晚，发展慢，例如，原南联盟分立的黑山、塞尔维亚等。有的国家虽然法制较全，但法制化程度并不高，如印度尼西亚。

3. 沿线多国民族主义和排外势力较强。有些国家在司法程序中对外国当事人不公，如也门、印度尼西亚、土库曼斯坦等。以也门为例，该国政府部门对当地企业采取特殊的庇护措施，外国投资者却经常遭到地方部落索要保护费。在劳资纠纷处理过程中，外国投资者也很难得到劳动管理部门的公平对待。当外国投资者利益遭受当地投资伙伴侵犯时，警察等执法部门也很少采取有效措施进行保护。

4. 执法和司法程序繁琐或缓慢，司法判决执行难。一些国家，如文莱，由于生活安逸，生活节奏很慢，反映到政府部门的工作效率上，行政审批等程序随意性较强、耗时较长。司法判决执行难也是沿线各国普遍存在的问题，在约旦、越南、阿塞拜疆等国尤为典型。以约旦为例，根据《对外投资合作指南》对约旦法律制度的调研显示，该国司法程序一般要经历3~4年，而从获得裁决到执行一般要等待12~18个月。

此外，涉外判决的跨境承认与执行也一直是国际争端解决实务操作中较为棘手的问题。由于司法权是国家主权的一部分，承认与执行需要满足国内法上严格的条件。不过，2005年《法律选择公约》和2019年《承认与执行外国民商事判决公约》的出台或许会使这个问题得到一定程度的解决。前者于2015年10月1日生效，截至目前有32个缔约国，我国于2017年9月12日签署。后者还未生效，且目前只有乌克兰和乌拉圭签署。

5. 司法程序的性质，注定了其不可能包含预防争端的功能。司法是被动的，只有在当事人提起诉讼的时候司法机关才能去解决争端。一般这种情况下双方的意见分歧已经较大。其缺乏预防争端的功能，不能有效地在争端发生之前或发生初始就平息争端。

（二）"一带一路" 商事争端的非诉讼解决

通过诉讼解决"一带一路"商事争端，在很多国家都存在着较大的不确定性，往往并非当事人的最佳选择。在商事争端解决的实践中，为了克服属地管辖和用尽当地救济的限制，力争商事争端的域外管辖，也为了避免诉讼存在的前述问题，非诉讼解决争端的方式相对于诉讼方式，被越来越多地使用。这就是替代性争端解决方式，在各种替代式争端解决方式中，仲裁和调解尤受肯定和青睐。

1. 仲裁

仲裁与诉讼相比，共同点就是当事人将自己的纠纷交由第三方作出有拘束力的裁决，但其对解决纠纷结果没有控制权；差别就是在控制纠纷解决的进程和结果方面比诉讼具有更大的自主性。依靠仲裁解决商事争端特别是国际商事争端具有独特的优势。早在13世纪时，英国商人就已经开始使用仲裁这一方法。这是由仲裁的特点所决定的，仲裁一裁终局、程序的保密性和非正式性、费用低、解决迅速、仲裁员与仲裁规则的可选择性等特点满足了商人解决纠纷的需求。更为重要的是，由于《纽约公约》这一多边公约存在，保证了仲裁裁决目前能在157个缔约国法院执行。

另外，为了协调和统一世界各国调整国际商事仲裁的法律，联合国贸易法委员会主持制定了《国际商事仲裁示范法》（以下简称《示范法》），并于1985年12月11日通过批准该《示范法》的决议。该《示范法》没有强制执行力，供各成员国在制定国内法时参考。在"一带一路"沿线的140多个国家中，"大部分沿线国家都根据《示范法》制定了本国的仲裁立法，这为中国与'一带一路'沿线国家通过仲裁解决民商事争端提供了非常便利的条件"。对于仲裁立法，存在"双轨制"和"单一制"两种模式。目前世界上大多数国家采用"双轨制"，即针对国内仲裁和国际仲裁分别适用不同的仲裁法律，"一带一路"沿线国家采用此制的如新加坡、俄罗斯、菲律宾、越南、缅甸、文莱等国。"单一制"则是指国内仲裁和国际仲裁适用统一的法律。采用"单一制"的国家包括英国、荷兰、埃及、毛里求斯、马来西亚、泰国、印度尼西亚、老挝、柬埔寨等国。我国亦属此列，我国的《仲裁法》对国际仲裁有专章规定。

而在仲裁领域，一个重要的国际公约就是《1958年承认和执行外国仲裁裁决公约》（以下简称《纽约公约》）。该公约处理的是外国仲裁裁决的承认和仲裁条款的执行问题。根据该公约第三条的规定："各缔约国应承认仲裁裁决具有拘束力，并依援引裁决地之程序规则及下列各条所载条件执行之。承认或执行适用本公约之仲裁裁决时，不得较承认或执行内国仲裁裁决附加过苛之条件或征收过多之费用。"可以说，《纽约公约》的通过使得仲裁的相互承认问题在全球的司法体系下得到有效解决。截至 2020 年 9 月，《纽约公约》已有 165 个缔约国。

2. 调解

调解作为化解纠纷的一种方式，发源于我国，被西方国家称为"东方经验"。调解是在中立第三方调解员的主持下，当事人自愿平等地进行协商达成协议解决纠纷的活动。调解的特点之一是与诉讼、仲裁相比，当事人对纠纷的结果具有控制权，调解人无权强加某一结果给争端的各方当事人，而是协助各方达成解决方案。二是可以缓解国家法与民间法之间的冲突，尤其是法治急速现代化国家，其从发达国家大量移植民商事实体法和程序法，而这些移植的法律因水土不服等问题，与旧有社会规则之间难免会产生各种冲突，而调解能有效地缓和这一冲突。20 世纪 20 年代调解制度在日本的蓬勃发展就印证了这一点。对国际民商事纠纷而言，这一优势将更为明显，国际民商事纠纷往往会涉及多个国家的法律或者国际规则，法律冲突更是不可避免，处理纠纷最后所选择的准据法对当事人而言预见性较差，通过调解可以有效地缓解这些冲突。三是缓和纠纷双方的对立，为双方继续合作共处创造良好的氛围，将当事人关注的焦点由过去转向未来。

近年来，西方国家的许多调解组织，注重调解制度和规则的建设，调解制度趋于专业化，调解员也越来越职业化。联合国国际贸易法委员会制定了《国际商事调解示范法》，1980 年 12 月 4 日联合国大会第 35/52 号决议通过了《国际商事调解规则》，它们有助于各国及调解组织加强关于利用现代调解或调停技巧的立法及规则建设。

同时，2019 年 8 月 7 日，包括中国在内的 46 个国家作为首批签约方在新加坡共同签署了《联合国关于调解所产生的国际和解协议公约》（以下简称《新加坡公约》）。与《纽约公约》类似，《新加坡公约》使得跨境承认外国和解协议更为便捷。该公约已于 2020 年 9 月 12 日生效。目前，已有卡塔尔、新加坡、斐济、沙特阿拉伯、白俄罗斯和厄瓜多尔递交了批准文书。

3. "一带一路"沿线仲裁和调解机构及其不足

"一带一路"沿线仲裁和调解机构众多①，且很多国家国内司法机构中还设立了可提供调解和仲裁服务的法庭，如匈牙利的调解庭和仲裁庭，它们做出的裁决与普通法院判决具有同等效力。

"一带一路"沿线众多仲裁和调解机构为"一带一路"商事主体提供了较多的争端解决选择。我国如要成为"一带一路"的争端解决中心，我国的仲裁机构或设在我国的仲裁机构就必须在与"一带一路"沿线其他的仲裁机构竞争中胜出。但是目前通过非诉讼方式的"一带一路"商事争端解决机制还存在以下问题。

（1）临时仲裁的合法性问题。需要注意的是，与国际仲裁实践不同的是，长期以来，我国是不承认临时仲裁的，但在近年的仲裁实践中已有一定突破。2017 年 3 月 23 日，《横琴自由贸易试验区临时仲裁规则》的正式颁布，标志着临时仲裁在中国境内的真正落地。可以预见，临时仲裁将会

---

① 专门的仲裁和调解机构主要包括新加坡国际仲裁中心、吉隆坡区域仲裁中心、泰国仲裁协会、泰国商事仲裁协会、柬埔寨国家商事仲裁中心、越南国际仲裁中心、黎巴嫩仲裁中心、阿布扎比商事调解仲裁中心、迪拜国际仲裁中心、迪拜金融中心——伦敦国际仲裁院、开罗国际商事仲裁区域中心、德里国际仲裁中心、俄罗斯工商会国际商事仲裁院、阿富汗商事争议仲裁中心、蒙古国国际及国内仲裁委员会、克罗地亚经济商会调解中心、罗马尼亚国际商业仲裁法院，等等。

逐渐在我国仲裁实践中得到推广。

（2）仲裁机构进入中国市场的待遇问题。以我国为例，虽然众多国际商事仲裁机构在我国上海自贸区设立了办事处，但中国入世议定书（"附件9"中关于服务贸易的具体承诺）和《自由贸易试验区外商投资准入特别管理措施（负面清单）》均没有对仲裁机构法律服务作出明确规定。境外仲裁机构入驻后能否在华享受同国内仲裁机构相同的待遇，尚不明确。

（3）裁决的执行问题。"一带一路"沿线目前还有伊拉克、土库曼斯坦、马尔代夫、也门等国没有加入《纽约公约》。即便是《纽约公约》的成员，有些国家在加入时也做出了"互惠"保留，只对同为公约缔约国的国家所做的仲裁裁决予以承认和执行，如俄罗斯。因此，我国仲裁裁决在"一带一路"沿线部分国家的承认和执行尚存在较大的不确定性。

（4）预防争端的功能问题。与诉讼方式一样，目前的仲裁和调解机制没有包含预防争端的功能。

（三）国际商事争端解决机制的新发展对预防与解决"一带一路"商事争端的初步启示

现行的国际商事争端解决机制并不是一成不变的，为了适应经济全球化带来的变局，应对全球化时代国际商事争端解决的需求，各国或引入域外法域的法官，或兼容域外法域的程序，扩大域外法律的适用和域外律师的参与，甚至纷纷建立起国际商事法庭，同时越来越多发挥替代性争端解决方式的作用。

1. 国际商事法庭对预防与解决"一带一路"商事争端的初步启示

就设立国际商事法庭而言，阿联酋于2004年设立迪拜国际金融中心法院，新加坡于2015年设立新加坡国际商事法庭，哈萨克斯坦、荷兰等国也相继通过立法设立国际商事法庭。当前，在推进"一带一路"建设过程中，中国加快构建开放型经济新体制，因此在国际商事争端解决领域需要加强国际法治合作，凝聚各方合力。为此，中国设立了国际商事法庭，目的在于通过坚持共商共建共享原则，充分发挥专业化争端解决优势，更好应对共建"一带一路"新形势下的国际商事争端，公正、高效、便利且低成本地解决包括涉"一带一路"建设争端在内的各类国际商事争端，平等保护中外当事人合法权益，努力营造稳定、公平、透明、可预期的法治化营商环境。同时，设立国际商事专家委员会，目的在于充分体现共商共建共享原则，推动来自不同国家的专家委员积极参与"一带一路"国际商事争端解决机制和机构的建设，赋予当事人选择国内外法律专家解决争端的权利，使"一带一路"国际商事争端解决机制凸显国际化特征。

2. 发挥替代性争端解决方式的作用对预防与解决"一带一路"商事争端的初步启示

发挥替代性争端解决方式的作用是构建有效的"一带一路"争端解决机制需要解决的焦点问题。为打造国际商事争端解决机制，拟议中的我国《仲裁法》修订要引用国际标准。国内一些仲裁机构，尤其是处理国际商事案件的仲裁机构，必须要实现仲裁规则的国际化和仲裁员的国际化，尤其要借鉴《联合国国际贸易法委员会仲裁规则》（*UNCITRAL Arbitration Rules*），以开放积极的态度吸收先进的仲裁规则，特别是吸引优秀的仲裁员。针对"一带一路"建设产生的纠纷，尤其要吸引"一带一路"沿线国家地区有关领域专家学者作为仲裁员参与纠纷的化解。还有必要对我国的调解制度进行改造。要研究制定统一调解法，包括人民调解、行业调解、商事调解，并建立一套科学规范的调解规则。调解不是和稀泥，也不是无章可循。完全有必要借鉴联合国《国际商事调解规则》，梳理与完善我国调解与仲裁机构的调解规则。

三、"一带一路" 争端预防与解决合作机制的构建实践的透视

2018 年 1 月 23 日，中央全面深化改革领导小组会议审议通过了《关于建立"一带一路"国际商事争端解决机制和机构的意见》（以下简称《意见》）。《意见》的出台实际上为如何构建"'一带一路'争端预防与解决合作机制"指明了方向。

（一）目的和构建的原则

《意见》要求，要深入贯彻党的十九大和十九届二中、三中全会精神，以习近平新时代中国特色社会主义思想为指导，积极促进"一带一路"国际合作，依法妥善化解"一带一路"建设过程中产生的商事争端，平等保护中外当事人合法权益，努力营造公平公正的营商环境，为推进"一带一路"建设、实行高水平贸易和投资自由化便利化政策、推动建设开放型世界经济提供更加有力的司法服务和保障。

《意见》指出，建立"一带一路"国际商事争端解决机制和机构，应当遵循以下原则：

——坚持共商共建共享原则。保持开放包容心态，倡导"一带一路"建设参与国精通国际法且熟练掌握本国法的专家积极参与，尊重当事人选择国内外法律专家解决纠纷的权利，使"一带一路"国际商事争端解决机制凸显国际化特征、体现共商共建共享精神。

——坚持公正高效便利原则。研究借鉴现行国际争端解决机制有益做法，设立符合"一带一路"建设参与国国情特点并被广泛接受的国际商事

争端解决新机制和机构，公正高效便利解决"一带一路"建设过程中产生的跨境商事争端。

——坚持尊重当事人意愿自治原则。尊重"一带一路"建设参与国当事人协议选择纠纷解决方式、协议选择其熟悉的本国法或第三国法律的权利，积极适用国际条约、国际惯例，平等保护各方当事人合法权益。

——坚持纠纷解决方式多元化原则。充分考虑"一带一路"建设参与主体的多样性、纠纷类型的复杂性以及各国立法、司法、法治文化的差异性，积极培育并完善诉讼、仲裁、调解有机衔接的争端解决服务保障机制，切实满足中外当事人多元化纠纷解决需求。通过建立"一带一路"国际商事争端解决机制和机构，营造稳定、公平、透明、可预期的法治化营商环境。

（二）建立诉讼与调解、仲裁有效衔接的多元化纠纷解决机制

《意见》明确提出建立"一带一路"商事争端解决机制的内容，推动建立诉讼、调解、仲裁有效衔接的多元化纠纷解决机制。为此，要求最高人民法院设立国际商事法庭，牵头组建国际商事专家委员会，并支持"一带一路"国际商事纠纷通过调解、仲裁等方式解决，推动建立诉讼、调解、仲裁有效衔接的多元化纠纷解决机制，形成便利、快捷、低成本的"一站式"争端解决中心，为"一带一路"建设参与国的当事人提供优质高效的法律服务。

1. 法院

《意见》要求最高人民法院牵头负责设计"一带一路"国际商事争端解决机制和机构的方案，指令最高人民法院在广东省深圳市设立"第一国际商事法庭"，在陕西省西安市设立"第二国际商事法庭"，受理当事人之

间的跨境商事纠纷案件；责成最高人民法院民事审判第四庭负责协调并指导两个国际商事法庭的工作。建立由精通国际法及其本国法的专家组成的国际商事专家委员会，制定相应工作规则。该委员会根据当事人自愿原则先行调解当事人之间的跨境商事纠纷，并制作调解书。我国法院审理案件过程中需要适用外国法时，委员会可就如何适用外国法提供专家意见。

2. 仲裁机构

支持具备相应条件、在国际上享有良好声誉的国内仲裁机构开展涉及"一带一路"的国际商事仲裁。鼓励国内仲裁机构与"一带一路"建设参与国仲裁机构合作建立联合仲裁机制。同时，吸引更多的海内外优秀仲裁员，为"一带一路"建设参与国当事人提供优质的仲裁法律服务。仲裁机构与法院相互支持，"一带一路"国际商事仲裁机构解决涉"一带一路"建设跨境商事纠纷，我国法院则依法提供财产保全、证据保全等方面的司法支持，并在便利、快捷司法审查的基础上积极执行仲裁裁决。

3. 调解组织

支持具备相应条件、在国际上享有良好声誉的国内调解机构开展涉"一带一路"的国际商事调解。支持有条件的律师事务所参与国际商事调解，充分发挥律师在国际商事调解中的作用，畅通调解服务渠道。"一带一路"国际商事调解机构为解决"一带一路"建设参与国当事人之间的跨境商事纠纷出具的调解书，可以由有管辖权的人民法院经过司法确认获得强制执行力。

（三）机制

《意见》要求，建立"一带一路"国际商事争端解决机制和机构相关的工作，由推进"一带一路"建设工作领导小组统一负责和协调，而具体工作方案则由最高人民法院牵头制定并组织实施，全国人大监察和司法委、全国人大常委会法工委、外交部、司法部、商务部、中国贸促会参与相关工作。充分利用智慧法院建设成果，尽快建立"一带一路"建设参与国法律数据库及外国法查明中心，加强对涉"一带一路"建设案件的信息化管理和大数据分析，为法官提供智能服务，确保法律适用正确、裁判尺度统一。支持相关单位联合"一带一路"参与国商协会、法律服务机构等组织共同建立非政府组织性质的国际商事争端预防与解决机制。注重培养和储备国际化法律人才，建立"一带一路"建设参与国法律人才库，鼓励精通国际法、国际商贸规则以及熟练运用外语的国内外法律专家参与到争端解决中来。引导国内法学专家加强对国际商事争端解决有关问题的研究，努力形成一批有价值的研究成果，并切实做好成果转化工作。探索推进民事诉讼法、仲裁法等相关法律法规、司法解释及其他规范性文件的配套修改工作，为"一带一路"国际商事争端解决机制和机构的建立与完善提供充分法律依据和保障。

为了落实《意见》，最高人民法院于2018年6月25日发布了《关于设立国际商事法庭若干问题的规定》，该规定第十一条规定，符合条件的国际商事调解机构、国际商事仲裁机构与国际商事法庭共同构建调解、仲裁、诉讼有机衔接的纠纷解决平台，形成"一站式"国际商事纠纷解决机制。2018年12月，中国国际经济贸易仲裁委员会、广东深圳国际仲裁院、上海国际经济贸易仲裁委员会、北京仲裁委员会、中国海事仲裁委员会等五家仲裁机构以及中国国际贸易促进委员会调解中心、上海经贸商事调解中心等两家调解机构首批纳入"一站式"国际商事纠纷多元化解决机制。

基于国际商事纠纷解决的最先进理念，最高人民法院于2018年8月成立了国际商事专家委员会，聘请了31名中外专家委员。2019年5月，第一国际商事法庭开庭审理广东本草药业集团有限公司与贝思迪大药厂产品责任纠纷案、第二国际商事法庭开庭审理泰国华彬国际集团与红牛维他命饮料有限公司股东资格确认纠纷案。至此，"一带一路"一站式纠纷解决机制从理论走向了实践。

值得一提的是，与最高法院创制"一带一路"一站式纠纷解决机制相并行的是，中国国际贸易促进委员会联合全球30余个国家的民间争端解决机构，通过协商的方式在中国北京共同创立了国际商事争端预防与解决组织这个国际组织。

四、"一带一路" 争端预防与解决机制的完善

作为国际社会纠纷解决机制的最新实践，"一带一路"纠纷"一站式"解决机制和国际商事争端预防与解决组织还需要进一步完善。构建多元化的纠纷解决机制平台，以满足当事人的多元需求为依归。

首先，发挥各自的特色，实现谈判、调解和裁判因素的多种组合。谈判、调解和裁判（仲裁和诉讼）构成了纠纷解决的三种主要方法。三种方法常常以多种形式组合形成各种各样的"混合的"纠纷解决方法，比如，调裁程序、法院附设仲裁、民情调查员、中立国际商事专家等。设计何种纠纷解决模式，谈判、调解和裁决各因素多及如何组合，往往是根据当事人的需求和目标来决定的。调解、仲裁与诉讼作为解决纠纷的第三方平台，一定要发挥好各自的特色，通过谈判、调解和裁判因素的不同组合满足当事人的多元需求。

其次，进一步强化国际商事争端预防与解决机构的国际性和中立性。国际争端解决机构的国际性和中立性是生存和发展的根基。国际商事法庭要接纳境外仲裁机构、调解机构，甚至聘请外国专业人士担任国际商事法

庭的法官。

再次，加强国际协调的软法规制。"一带一路"沿线国家文化的多样性，决定了纠纷难以通过一种方式解决，也不宜通过强制性方式解决。在共商共建共享原则的基础上，还要通过双边协定、多边协定，通过灵活运用外交手段等方式加以解决。

又次，发挥在线争端解决的优势。在线争端解决高效、便捷，越发受到当事各方青睐。国际商事法庭及仲裁机构、调解机构通过电子诉讼平台和其他服务平台为当事人提供在线服务，支持通过网络方式立案、缴费、阅卷、证据交换、送达、开庭，在线解决有利于提升司法效率、促进司法透明。

最后，要大力培养国际化、高素质的法律专业人才。"一带一路"沿线国家有普通法系、大陆法系以及宗教法传统的国家，法律文化差异大，需要国内一批精通国际商事、海事纠纷解决领域的法官、仲裁员、调解员、律师。这些人士的专业程度、敬业精神很多时候是当事人选择纠纷解决机构的决定性因素。为此，我国应加强国内法律教育中对国际法和国别法的侧重，并鼓励学生前往普通法系国家、"一带一路"沿线国家，为"一带一路"一站式纠纷解决机制源源不断地供应人才。

第九章

"一带一路"建设与国际经贸规则创新和完善

"一带一路"建设需要一套高标准的国际经贸规则，作为凝聚各国力量、发展沿线国家合作交往、解决分歧的准则。就目前"一带一路"的贸易、金融与投资、税收、知识产权、争端解决等领域的规则而言，尚存在诸多不符合"一带一路"建设需要之处：碎片化、陈旧不适应、美式歧视性规则在单边和区域性场域强势登场、世贸多边规则改革艰难、债务可持续性保障机制不足、影响数字贸易的规则阙如以及沿线国家国内法治问题等。在国际经贸规则总体上与高质量推进"一带一路"建设尚不相符的情况下，需要立足现有机制与规则进行创新与完善，以实践为导向，以引导合作、促进交往、规范行动、解决分歧为方向，以构建包容复合型的国际经贸规则体系为目标，推动促进"一带一路"高质量发展。

2013 年 9 月和 10 月，习近平主席先后提出共建"丝绸之路经济带"和"21 世纪海上丝绸之路"，即"一带一路"倡议。2014 年 11 月，"一带一路"倡议写入中国共产党十八届三中全会通过的《中共中央关于全面深化改革若干重大问题的决定》，标志着其正式上升为国家的对外经济外交方针。2015 年 3 月，经国务院授权，国家发改委、外交部和商务部联合发布了《推动共建丝绸之路经济带和 21 世纪海上丝绸之路的愿景与行动》，

"一带一路"倡议展示出全貌。十年来,"一带一路"建设取得了伟大成就,造福于沿线各国人民。与此同时,服务于"一带一路"建设的国际经贸规则的创新与完善,也凸显出其重要性和紧迫性。

一、"一带一路"建设呼吁高水平的国际经贸规则

"一带一路"倡议是以发展为导向的,而不是以一个跨区域的超大型的经济一体化的制度性设计为导向。然而,"一带一路"嵌入在一个由政治、经济、文化等各种关系维度经纬交织而成的国际性网络之中,蕴含着多样的、不确定的、不可预测的和互相关联的风险。"一带一路"建设要降低风险,离不开国际经贸规则的护航,甚至可以说,"一带一路"建设要进展顺利并获得持续性成功,相当程度上取决于国际经贸规则体系的制度建设。

首先,从"一带一路"建设参与者的角度来说,要纾解和避免"一带一路"建设本身蕴含的风险,就离不开明确的、具有可预测性的国际经贸规则。[①] 当前,大国博弈和新冠疫情叠加,地缘政治因素不断加剧地缘经济关系的紧张,"一带一路"建设面临的法律风险更为复杂并呈现出高度特质性,因此必须对这些风险开展精准细腻的研究并提出合理的应对方案,而这一切都有赖于一套适宜的国际经贸规则。

再从"一带一路"沿线国家的角度看,接受相关的国际经贸规则是有关国家参与"一带一路"建设意愿的标志,也是"一带一路"沿线各国共识的体现。

---

① 参见李玉璧、王兰:《"一带一路"建设中的法律风险识别及应对策略》,《中国家行政学院学报》2017 年第 2 期,第 77-80 页。

最后,"一带一路"在国际上有时被视为一个大区域经济整合安排①,有时被解读为全球治理的中国模式,虽然在意识形态的棱镜下西方学界的观察有偏颇之处,但认为"一带一路"倡议是中国旨在与沿线国家之间构建命运共同体的创新性探索,应不为过。② 从中国的角度看,作为一个参与全球治理的探索方案,中国也需要一个有约束力的法律机制来巩固相关利益,政治性政策也需转化为国际经贸规则才能获得稳定性与合法性;在具有与其他成员力量的不对称优势下,中国可以引导相关国际经贸规则的形成。

习近平总书记在党的二十大报告中提出,推动共建"一带一路"高质量发展。事实上,在 2021 年 11 月 19 日举行的第三次"一带一路"建设座谈会上,习近平总书记在其重要讲话中就提到推动共建"一带一路"高质量发展,并提出以高标准、可持续、惠民生为目标。这三个目标无一不与"一带一路"的国际经贸规则相关联。"一带一路"高质量发展的一个标志,就是服务并保障"一带一路"建设可持续发展的高标准国际经贸规则的形成和完善,不断惠及中国和沿线国家的民生,使共建"一带一路"成为深受欢迎的国际公共产品和国际合作平台。

"一带一路"建设已经迎来第十个年头。在构建"一带一路"规则体系的重要性已成为共识的情况下,以创新方式创制和完善"一带一路"的国际经贸规则体系,将成为下一时期推动"一带一路"高质量发展的重要任务之一。

---

① Giuseppe Martinico and Xueyan Wu, "The Belt and Road Initiative: A Legal Analysis: - An Introduction", in: Giuseppe Martinico and Xueyan Wu (ed.), A legal Analysis of the Belt and Road Initiative-Towards a New Silk Road? Palgrave McMillan, 2020, pp. 1-4.

② 参见孔庆江:《中国"一带一路"倡议与亚太地区的自贸区建设》,《区域与全球发展》2017 年第 1 期,第 8 页。

二、"一带一路"国际经贸规则现状

一般而言，适用于"一带一路"建设的国际经贸规则，既包括多边规则，又包括区域与双边规则。前者主要包含在世界贸易组织（WTO）的多边贸易协定、世界知识产权组织（WIPO）的知识产权公约和少数多边投资条约和多边税收合作协定中，后者则主要包含在大量的双边投资协定、双边税收协定和自由贸易协定中。越来越多的自由贸易协定纳入了货物贸易、投资和服务贸易、知识产权、争端解决、环境条款、劳工标准、国有企业、政府采购等规则。本文所讨论的"一带一路"国际经贸规则，涵盖了上述贸易、投资、知识产权、争端解决规则等内容。

通过对"一带一路"现行国际经贸规则形式的审视，不难发现其是一种混合型规则体系，既有以备忘录或类似文书形式出现的虽适用于有关沿线国家但不具有法律拘束力的文件，也有以条约形式出现且对沿线国家具有法律拘束力的国际协定。

截至 2023 年 6 月，中国已经同 152 个国家和 32 个国际组织签署了 200 余份共建"一带一路"的合作文件。① 其中，大多数为国际法主体之间的双边"谅解备忘录"，也包括合作协议、合作文件、合作备忘录。

（一）贸易领域

在贸易领域，既有"一带一路"沿线国家参加的多边贸易协定，又有其相互之间的自由贸易协定。WTO 管理下的多边贸易协定，由《关税与贸

---

① 参见《已同中国签订共建"一带一路"合作文件的国家一览》，中国"一带一路"网，2023 年 06 月 26 日，https://www.yidaiyilu.gov.cn/xwzx/roll/77298.htm［2023－07－01］。

易总协定》(GATT)、《服务贸易总协定》(GATS)、《与贸易有关的知识产权协定》(TRIPS 协定)、《关于贸易争端解决的规则与程序的谅解》(DSU)等组成,目前对所有 WTO 成员(其中有 123 个"一带一路"沿线国家)均有拘束力。"一带一路"沿线国家之间的自由贸易协定,主要包括《区域全面经济伙伴关系协定》(RCEP)、《全面和进步太平洋伙伴关系协定》(CPTPP)和若干个有关国家之间的自由贸易协定。RCEP 是由中国、日本、韩国、东盟 10 个成员国、澳大利亚和新西兰等 15 个国家缔结的,涉及 12 个"一带一路"沿线国家。CPTPP 由日本、加拿大、墨西哥、秘鲁、智利、新加坡、马来西亚、文莱、越南、澳大利亚、新西兰等 11 个国家签署,涉及 7 个"一带一路"沿线国家。"一带一路"沿线国家之间的自贸协定,包括中国先后与 21 个国家或国家集团分别缔结的自贸协定,涉及 18 个"一带一路"沿线国家。除中国外的其他沿线国家相互之间或沿线国家与非沿线国家之间也缔结有自贸协定,前者如俄罗斯、白俄罗斯和哈萨克斯坦缔结的欧洲经济一体化协定,后者如新加坡分别与美国、欧盟之间,韩国与美国之间,越南与欧盟之间分别缔结的自贸协定等。

(二) 金融和投资领域

"一带一路"的金融合作规则体现在《"一带一路"融资指导原则》和"一带一路"银行间常态化合作机制中。2017 年 5 月在首届"一带一路"国际合作高峰论坛期间,中国和其他 26 个国家共同核准了《"一带一路"融资指导原则》①。会议期间,"一带一路"沿线国家的 30 余家商业银行以及国际金融组织的董事长、行长还共同签署了《"一带一路"银行

---

① 《"一带一路"融资指导原则》,2017 年 5 月 16 日,中国"一带一路"网,https://www.yidaiyilu.gov.cn/wcm.files/upload/CMSydylgw/201705/201705161021052.pdf [2023-02-03]。

家圆桌会北京联合声明》，目的是建立"一带一路"银行间常态化合作机制。① 尽管《"一带一路"融资指导原则》不是正式的国际协议，《"一带一路"银行家圆桌会北京联合声明》也不是严格意义上的具有法律拘束力的协议，但它们为"一带一路"框架下融资机制化指明了方向，即推动建设长期、稳定、可持续、风险可控的融资体系。两年后的第二届"一带一路"国际合作高峰论坛上，中国财政部部长宣布，多元、包容、可持续的"一带一路"融资体系已初步建立。②

　　"一带一路"投资规则包含在由多边投资机构（MIGA）管理的《多边投资担保机构公约》（MIGA 公约）、由国际投资争端解决中心（ICSID）管理的《解决国家和他国国民之间投资争端公约》（ICSID 公约）以及沿线国家相互之间、沿线国家与非沿线国家之间缔结的投资协定中，也体现在经济合作与发展组织（OECD）的《投资政策框架》、联合国贸易和发展会议（UNCTAD）制定的《可持续发展投资政策框架》和中国倡议的《二十国集团全球投资指导原则》中。MIGA 公约旨在鼓励成员国之间，尤其是向发展中国家成员国融通生产性投资，并致力于促进东道国和外国投资者间的相互了解和信任，为发达国家在发展中国家的海外私人投资提供担保，以加强国际合作。③ MIGA 公约现有成员国 182 个，其中涉及 143 个"一带一路"沿线国家。ICSID 公约旨在解决投资东道国与外国投资者之间的投资争端，目前有 165 个成员国，涉及 121 个"一带一路"沿线国家。④投资协定的主要内容涵盖投资促进、投资保护和投资管理。就中国缔结的

---

① 参见《工商银行推动"一带一路"银行间常态化合作机制》，人民网，2018 年 2 月 9 日，http：//ydyl. people. com. cn/n1/2018/0209/c411837-29816169. html［2023-02-03］。

② 参见财政部：《"一带一路"融资体系初步建立》，中国经济网，2019 年 4 月 26 日，http：//finance. ce. cn/bank12/scroll/201904/26/t20190426_31946067. shtml［2023-02-03］。

③ 参见 MIGA 官网，https：//www. miga. org/about-us［2023-02-03］。

④ 参见 MIGA 官网，https：//icsid. worldbank. org/about［2023-02-03］。

投资协定而言，中国自改革开放至今共签订近 130 余个双边投资条约，目前有效的 104 个，其中有一半以上的条约是与"一带一路"沿线国家签订的。①

2006 年由 OECD 和非 OECD 成员方组成的特别行动工作组制定了《投资政策框架》，为任何有兴趣建立对所有投资者具有吸引力的环境和提高投资对社会的益处的政府，提供了一个相关重要政策问题的清单。2012年 UNCTAD 制定的《可持续发展投资政策框架》，以可持续发展为宗旨和目标，注意发展中国家和发达国家、投资者和公众的利益平衡，详细地设计了投资政策选择性方案（包括可持续发展投资政策核心原则、国际投资政策指南和国际投资协定内容的政策选择），供各国根据本国国情选择采用。2016 年二十国集团领导人杭州峰会通过的《二十国集团全球投资指导原则》②，作为全球首个多边投资规则框架，填补了国际投资领域的空白。指导原则涵盖了国际投资机制的所有核心要素，为建立面向未来的全球投资机制框架奠定了重要的基础。需要指出的是，《指导原则》反映了 G20成员国的共识，尚不构成具有强制拘束力的全球投资规则。在这种背景下，把这些原则共识引入"一带一路"建设领域并率先形成区域性投资规则将是一种可行的选择。

（三）税收领域

"一带一路"沿线国家之间的税收规则，包含在若干税收合作多边协

---

① 参见《我国对外签订双边投资协定一览表》，中国商务部网站，2011 年 11 月 7 日，http：//tfs. mofcom. gov. cn/article/Nocategory/201111/20111107819474. shtml［2023-02-03］。

② 《二十国集团全球投资指导原则》列出九项原则，即：反对投资保护主义，倡导投资开放；非歧视；投资保护；透明度；可持续发展；政府对投资的监管权；投资促进及便利化；企业社会责任及公司治理；国际合作。参见《二十国集团全球投资指导原则》，《人民日报》2016 年 9月 7 日，第 21 版。

定和大量的双边预防双重征税和偷逃税协定中，也体现在"一带一路"税收征管合作机制中。中国参与的税收合作多边协定包括《多边税收征管互助公约》《金融账户涉税信息自动交换多边主管当局间协议》《实施税收协定相关措施以防止税基侵蚀和利润转移的多边公约》。截至 2021 年 6 月底，中国缔结的双边预防双重征税和偷逃税协定约 107 个，其中已经生效的 101 个，涉及 87 个"一带一路"沿线国家。[①] 为了构筑"一带一路"国家税收合作长效机制，中国先是与 50 多个"一带一路"沿线国家、地区和国际组织于 2018 年 5 月共同签署了《阿斯塔纳"一带一路"税收合作倡议》，在"一带一路"各国税务部门之间推动依法治税、提升税收争端解决效率与提高纳税服务水平等领域的合作。[②] 一年后，又与 33 个国家和地区的税务部门在 2019 年 4 月的第一届"一带一路"税收征管合作论坛上共同签署了《"一带一路"税收征管合作谅解备忘录》，标志着"一带一路"税收征管合作机制的正式建立。[③]

(四) 知识产权领域

"一带一路"沿线国家之间的知识产权规则，散见于沿线各国参与程度不一的 WIPO 管理下的条约、WTO《与贸易有关的知识产权协定》、自由贸易协定以及若干国家之间的合作文件中。WIPO 管理着 26 项条约，其中包括《世界知识产权组织公约》，而"一带一路"沿线国大多是《世界知识产权组织公约》的缔约国，参加了部分知识产权条约。前面提及的中

[①] 参见《我国签订的多边税收条约》，国家税务总局网站，http：//www. chinatax. gov. cn/n810341/n810770/index. html ［2023-02-03］。

[②] 参见《以税收合作助推"一带一路"建设行稳致远》，国家税务总局网站，2019 年 1 月 11 日，http：//www. chinatax. gov. cn/n810219/n810724/c4039208/content. html ［2023-02-03］。

[③] 参见《多国携手共建"一带一路"税收征管合作机制》，国家税务总局网站，2019 年 4 月 18 日，http：//www. chinatax. gov. cn/chinatax/n810219/n810729/c4268169/content. html ［2023-02-03］。

国与其他"一带一路"沿线国家之间的自贸协定，大多包含知识产权保护的规定。另外，中国国家知识产权局已经与40余个"一带一路"沿线国家建立了"一带一路"知识产权合作的常态化机制，实施了八个方面务实合作项目，包括宏观政策沟通、知识产权审查、基础能力建设、信息数据交换等各个方面。① 中国与海湾阿拉伯国家合作委员会专利局、东盟专利局、欧亚专利局等地区性组织分别建立了正式合作关系，与 WIPO 签署了《关于加强"一带一路"知识产权合作政府间协议》指导性文件。② 2016年"一带一路"知识产权高级别会议上通过了《加强"一带一路"国家知识产权领域合作的共同倡议》，2018年"一带一路"沿线国家知识产权机构负责人和代表共同发表了《关于进一步推进"一带一路"国家知识产权务实合作的联合声明》。③

（五）争端解决领域

争端解决机制是运行良好的全球或区域治理体系必不可少的组成部分。WTO 争端解决机制是目前全球所有争端解决机制中影响最大的，被赋予处理各国因执行 WTO 多边贸易协定引起的争端的职能。由于部分"一带一路"沿线国家还不是 WTO 成员方，WTO 的争端解决机制不适用于这

---

① 参见《国际社会充分认可中国保护知识产权成效——"对中国持续优化营商环境充满信心"》，中央政府网，2021年5月1日，http://www.scio.gov.cn/xwfbh/xwbfbh/wqfbh/39595/40331/xgbd40338/Document/1653072/1653072.htm［2023-02-03］；《新闻办就2018年中国知识产权发展状况举行发布会》，中国政府网，2019年4月28日，http://www.gov.cn/xinwen/2019-04/28/content_5387125.htm#1［2023-02-03］。

② 参见《国际社会充分认可中国保护知识产权成效——"对中国持续优化营商环境充满信心"》，中央政府网，2021年5月1日，http://www.gov.cn/xinwen/2021-05/01/content_5604289.htm［2023-02-03］。

③ 参见《〈加强"一带一路"国家知识产权领域合作的共同倡议〉发布》，中央政府网，2016年7月27日，http://www.gov.cn/xinwen/2016-07/27/content_5095220.htm［2023-02-03］；《知识产权保护强化 营商环境持续优化》，中央政府网，2019年5月16日，http://www.gov.cn/xinwen/2019-05/16/content_5392004.htm［2023-02-03］。

些国家。此外，目前 WTO 争端解决机制陷入停摆。不过，包括中国在内的多个 WTO 成员决定在上诉机构停摆时期组成"多方临时上诉仲裁安排"（MPIA），以便处理各参加方提起的上诉争端案件。

在投资争端解决领域，ICSID 公约旨在解决投资东道国与外国投资者之间发生的投资争端，目前有 165 个缔约国，涉及 125 个"一带一路"沿线国家。在国际商事争议解决方面，"一带一路"沿线国家之间的国际商事争端解决规则主要有 1958 年《承认与执行外国仲裁裁决公约》（简称《纽约公约》）、2005 年《选择法院协议公约》（简称《选择法院公约》）和 2018 年《联合国关于调解所产生的国际和解协议公约》（简称《新加坡调解公约》），以及"一带一路"沿线国家相互之间及与非沿线国家之间缔结的司法互助协定。《纽约公约》旨在促成商事仲裁裁决在他国得到承认和执行，目前有 172 个成员国，涉及 125 个"一带一路"沿线国家；《选择法院公约》规定在发生国际民商事纠纷时，可以通过协议约定由指定的任意成员国的法院享有排他性管辖权并对案件进行审理作出判决，而其他成员国有义务按照既定的规则承认并执行该判决，目前有 31 个缔约国，其中 20 个为"一带一路"沿线国家。《新加坡调解公约》创建了一个统一的框架，以经济高效地迅速执行国际商事调解协议为目标，旨在使调解成为更加有效的、国际仲裁和诉讼的替代手段，目前有 10 个缔约国，其中 9 个"一带一路"沿线国。① 截至目前，我国已与外国缔结涉及民商事司法协助的条约 39 项，其中涉及 33 个"一带一路"沿线国家。②

---

① United Nations Convention on International Settlement Agreements Resulting from Mediation. https：//uncitral. un. org/sites/uncitral. un. org/files/media-documents/EN/Texts/UNCITRAL/Arbitration/mediation_convention_v1900316_eng. pdf［2023-02-03］.

② 参见《中华人民共和国-条约数据库》，中国外交部网站，http：//treaty. mfa. gov. cn/web/index. jsp［2023-02-03］。

三、"一带一路"国际经贸规则运行中的问题和障碍

"一带一路"国际经贸规则服务于"一带一路"建设，旨在调整"一带一路"建设各参与方和利害关系人之间的权利义务关系，最终确保"一带一路"建设的有序进行。仔细审查前述"一带一路"国际经贸规则不难发现，无论是"一带一路"现有的整个规则体系还是其发展趋势，均存在一些问题，尤其是部分规则还存在较大问题。例如，某些规则与"一带一路"建设的需要尚存在一些不适应之处，而有的甚至构成"一带一路"建设的障碍。

（一）现有国际经贸规则的碎片化

"一带一路"现有的国际经贸规则呈现碎片化的状态，即"一带一路"沿线不同的国家遵循不同形式（条约或非条约性文书）、不同层面（多边、区域或双边）的国际经贸规则，而且遵循的同类经贸规则在覆盖领域范围、约定的贸易自由化与便利化程度、投资自由化与便利化程度、投资保护高度、知识产权保护范围和保护高度、规则的刚性等方面，呈现出不一致。

就特定的国际经贸规则而言，"一带一路"沿线国家中有的参与，有的置身其外，例如，有164个成员国参加的WTO这一普遍性的国际组织管理者对全体成员均有拘束力的多边贸易协定，但28个"一带一路"沿线国家至今都不是WTO成员，这意味着这些国家相互之间及它们各自与其他成员之间的贸易关系无法适用WTO协定。再如，《纽约公约》为世界上172个国家相互承认和执行仲裁裁决提供了便利，但26个"一带一路"沿线国家尚不是《纽约公约》的成员国，这就意味着在处理这些国家的投资

项目争议的国际仲裁中，在获得这些国家法院对国际仲裁裁决的承认和执行方面，仍然有着重大的不确定性因素，从而使得仲裁结果难以落实。还有，解决国际投资争端中心（ICSID）是 ICSID 公约 165 个缔约国解决东道国与投资者之间争端的重要手段，但有 30 个"一带一路"沿线国家不是缔约国，限制了这些国家的投资者以及外国投资者赴这些国家投资时对该公约和 ICSID 的利用。

而美国近年奉行的单边主义和保护主义，加剧了全球贸易投资规则体系的碎片化，促使"一带一路"沿线国家将国际经贸规则制定的关注点更多地聚焦于区域层面。

（二）国际经贸规则不敷"一带一路"建设需要

"一带一路"沿线国家之间的国际经贸规则，在某些领域，如税收领域，未能与时俱进。现行很多税收协定中的国际税收互助、税收优惠等内容缺失或弱化，影响东道国对投资者的吸引力，也影响中国企业在"一带一路"沿线国家投资中的海外竞争力。而早期签订的税收协定为了引入国外投资，对发达国家单方面饶让抵免，对发展中国家互相饶让抵免，甚至有些还忽视了饶让抵免条款的谈签[1]，因而缺少系统化的实际规定，导致相当一部分"走出去"的中国企业无法实际享受东道国应提供的税收优惠待遇，有的甚至因卷入国际税收争端而蒙受巨大损失，以至于我国税务机关不得不应急交涉、签订补充条款，以避免更大的利益损失。另外，加入《多边税收征管互助公约》税改后的企业税种名称自动适用还有待明确，涉外信托税收法律处于空白，上述情况也无形之中加大了企业跨国经营的

---

[1] 参见汤凤林、陈涵：《"一带一路"背景下我国双边税收协定的现状、问题与完善建议》，《国际税收》2020 年第 5 期，第 56 页。

涉税风险。又如，亚欧之间的铁路运输受制于两套铁路运输规则，即中国、俄罗斯与其他东欧国家之间的《国际铁路货物联运协定》（《国际货协》）和主要适用于原西欧国家的《国际铁路货物运输公约》（《国际货约》），也没有涉及实施代表物权的铁路运输提单的现状，不利于中欧班列的运行和两地之间的贸易。①

需要指出的是，即便在上述领域外的其他领域，虽然中国与韩国、新加坡、新西兰等"FTA 枢纽国家"都签署有高标准的自由贸易协定，但中国与大多数"一带一路"沿线国家之间的现行有效的规则还是略显得陈旧，总体上不敷"一带一路"建设需要。

（三）WTO 多边规则的改革难于启动

当前，WTO 陷入危机，迫切需要改革，但多数主要成员方立场分歧巨大。总体而言，美国全球贸易战略仍是影响 WTO "去留"的关键变量。②从美国实施贸易策略的步骤来看，拜登政府并未实质性地改变特朗普的"美国优先"政策，只是更倾向于通过拉拢盟友，一方面将创建新区域性的自由贸易协定规则作为制定新的国际经贸规则的场域，另一方面因不希望 WTO 机制成为进一步约束其国内经贸政策的有效工具、并希望 WTO 为其在经贸领域对华进行战略竞争打压提供新的法律武器而企图改变 WTO 规则。显然，美国将 WTO 作为其贸易政策工具箱中的重要工具之一，利用 WTO 多数成员方推进 WTO 改革和维护多边贸易体制的愿望，以 WTO 的"协商一致"原则作为要挟他国接受其重塑国际经贸规则意图的手段。

---

① 参见《国际经济法学》编写组：《国际经济法学（第二版）》，高等教育出版社 2019 年版，第 102-103 页；陈静、潘庆全：《【学术研究】铁路提单制度的理论争点与实践困境》，澎湃新闻，https：//m. thepaper. cn/baijiahao_14315651［2023-02-06］。
② 参见孔庆江：《美欧对世界贸易组织改革的设想与中国方案比较》，《欧洲研究》2019 年第 3 期，第 39-47 页。

（四）美式国际经贸规则强势登场

近年来，全球经贸治理格局处于变革期、调整期、重组期的"三期融合"。虽然以中国、印度等发展中国家为代表的新兴经济体有意提升国际经贸规则话语权，但是以美国、欧盟国家、日本等为代表的强国竭力稳固地位，美国或凭自己实力，或联合其盟国推动自己心仪的国际经贸规则，或推动遏制其竞争对手的规则出台，新型的美式歧视性经贸规则和国际经贸治理格局渐露雏形。

事实上，国家安全正在成为许多国家在考虑外国投资案能否进行与落实的审核标准，也正在逐渐成为部分国家对于国内特定产业保护和产业链布局的政策性工具。例如，美国自 2018 年起不断更新立法以试图逐步扩大外国投资委员会（CFIUS）对于外国投资案件的审查权限，同时试图通过利用"国家安全"审查标准来限制外国资本进入其认为对于美国国家安全具有特殊意义的领域，或是 CIFUS 认为其需要特别关注的投资案。美国《外国投资风险审查现代化法案》（*Foreign Investment Risk Review Modernization Act*）则是通过扩大 CFIUS 可以审查的"受管辖交易"（covered transactions）范围，扩大美国官方对于"国家安全"这一要素的适用，甚至对于涉及关键技术的投资设定了强制性的申报要求。2022 年 9 月 15 日，美国总统拜登签署一项行政命令，要求 CFIUS 加强对关键供应链、人工智能、量子计算和生物技术等领域涉及外国公司的交易审查。① 这是 CFIUS 成立以来首次在总统指示中看到明确要求，在审查"受管辖交易"时将国家安全风险作为考虑因素，这一指示也就同时明确地将 CFIUS

---

① 参见杨帆、于翔、刘春彤、遥远、郑辰：《CFIUS：概念、变化与影响》，新浪财经网，2022 年 9 月 18 日，http://finance.sina.com.cn/stock/stockzmt/2022-09-18/doc-imqqsmrn9562401.shtml［2023-02-06］。

的目标与职能与美国的整体国家安全中的重点问题相挂钩。

在美国的引领下,包括欧盟国家、日本等纷纷行动起来,在国内法上引入更严格的国家安全审查规定。与此同时,拜登政府于 2021 年 2 月 24 日签署《美国供应链行政令》,启动了对美国供应链的全面审查,不顾市场规律,以供应链安全为由开启了供应链的"去中国化"。同样,欧盟等也纷纷跟进,欧盟成员国甚至于 2021 年 6 月 11 日通过了《企业供应链尽职调查法》。再如,在美国拜登总统于 2022 年 8 月 9 日签署旨在阻止可能使中国或任何其他"受关注的外国"(foreign country of concern,包括俄罗斯、伊朗、朝鲜等对美国构成所谓"国家安全威胁"的国家)半导体制造能力得到实质性扩张的交易的《芯片与科学法案》后,欧盟也即将完成自己的《芯片法案》,目的均在于保证包括芯片在内的关键产品的所谓供应链的安全。

在联合酝酿创制国际经贸规则方面,自 2017 年,对当前国际经贸规则的滞后性多次表示不满的美国,联合日本和欧盟以三方贸易部长会议机制酝酿共识、布局新型贸易规则。三方联合发表八份声明,在声明具体内容中,美欧日已经就推动国际经贸规则改革的方向形成基本一致框架意见。

1. 布局针对"特定国家"的歧视性规则业已成型

当前,一些超大型区域性自由贸易协定,如《跨大西洋贸易投资伙伴关系协定》(TTIP,尚未达成)、源自《跨太平洋伙伴关系协定》的 CPTPP、《美韩自贸协定》(KORUS)、《美墨加协定》(USMCA)和《日本-欧盟经济伙伴关系协定》(EPA),有一个共同特征,即"ABC 规则"(anyone but China),凸显其针对所谓"中国议题"布局新一轮国际经贸规则,而且规则设定趋于排他。

首先,关于"非市场导向的政策与做法问题"。"非市场经济地位问题"是中国与发达国家博弈的核心问题之一。[1] 非市场经济地位源于中国入世议定书中的一个临时性使用的假定[2]，使得 WTO 其他成员方自中国入世年起的 15 年内在调查来自中国的产品是否构成倾销时可以引用第三国价格，从而导致中国的出口企业在对外反倾销应诉中处于极为不利的地位。但在 15 年过渡期届满之后，美国、欧盟和日本等国罔顾中国市场化改革的巨大成果，以中国不符合各自国内法上的市场经济条件、使其与中国竞争中处于不利地位为由，将这种有条件的假定视为基于现实的判定，一直拒绝认可中国的市场经济地位，而且试图将其永久化，这体现在炮制"非市场导向的政策与做法"的概念上。"非市场导向的政策与做法"是美欧日八次贸易部长会议讨论的议题，它们已就如何制定规则达成共识。非市场导向的政策与做法的限制性条款极可能被美国塞入美欧贸易协定、美日贸易协定，以及其他区域性自由贸易协定谈判中。[3]

其次，关于产业补贴问题。美欧日在 2020 年 1 月 14 日发表的第七份联合声明中，认为 WTO 框架下的《补贴与反补贴措施协议》（SCM 协议），不足以解决某些地区扭曲市场和贸易的补贴现象，因此必须在 WTO 框架下强化产业补贴领域的国际规则。[4] 三方明确提出要扩大禁止性补贴范围、对某些损害性较强的补贴进行举证责任倒置、将由补贴提供成员导致的产能过剩补充至严重侵害情形、增加产业补贴政策通报的激励机制，鼓励成员对补贴进行适当通报，并增加反向通报的惩罚、允许反补贴调查

---

[1] 参见张茉楠：《国际经贸规则重构进行时》，《半月谈》2020 年 5 月 7 日。

[2] 《中华人民共和国加入世界贸易组织议定书》第 15 条规定：其他 WTO 成员在对中国企业发起反倾销调查时，如果中国企业不能证明其所处产业具备市场经济条件，则反倾销当局可以采用替代国价格进行倾销的认定和计算。

[3] 参见张茉楠：《国际经贸规则重构进行时》，《半月谈》2020 年 5 月 7 日。

[4] 参见张茉楠：《中国应加快适应新一轮国际经贸规则演变》，《中国经济时报》2020 年 7 月 27 日，第 4 版。

机关使用外部基准确定补贴数额和将国有企业纳入"公共机构"范围内。三方对 WTO 补贴制度改革方案虽未点名，但被解读为直指中国。据此，有人认为，补贴已经成为我国在多边贸易关系中面临的最为重大的问题之一，其影响不亚于发达国家长期关注的知识产权问题。①

2. 企图"量身定做"国有企业规则

2017—2021 年间，美欧日三方会议发布的八份联合声明中主张抛弃 WTO 现行规则标准，引入能够进一步约束国有企业的规则，包括将国有企业视为公共机构，将其贷款等行为视为财政资助，从而采取单边反补贴措施。在区域层面上，国有企业规则已经成为 CPTPP、USMCA 以及多个新兴大型区域经济伙伴关系协定（如欧日之间的《经济伙伴关系协定》，EPA）的重要章节。美国与澳大利亚、韩国、以色列、智利等 18 个国家通过签署双边自贸协定，强调或蕴含了国有企业章节或条款。这些规则有些直接将国有企业视为准政府实体（其地位如同当前 WTO 框架内的 SCM 协定中的"公共机构"），将国有企业正常商业行为视为财政补贴，从而导致有关国家的国有企业在国际竞争中面临新的挑战，特别是将使活跃在"一带一路"沿线国家的我国国有企业在国际竞争中面临新的挑战。②

3. 供应链重置与价值链竞争扭曲国际经贸规则

在全球化背景下，美国制造业的流失与美国贸易不平衡的问题再次凸显。美国出于产业安全考虑，希望从产业链方面降低对中国的供给依赖。为此，美国伙同盟友正在寻求重组供应链和价值链。

一是新冠疫情、俄乌冲突等"黑天鹅""灰犀牛"事件，加剧产业链、

———————————

① 参见张军旗：《我国自由贸易试验区中产业补贴政策的调整》，《上海财经大学学报》2019 年第 1 期，第 126 页。

② 参见张茉楠：《中国应加快适应新一轮国际经贸规则演变》，《中国经济时报》2020 年 7 月 27 日，第 4 版。

供应链、价值链变化。2019 年年末以来，在疫情突发、全球抗疫艰难的背景下，美欧等国的产能一度出现断层，供应链安全为各国敲响警钟，完整强健的供应链受到前所未有的关注，尤其 2022 年 2 月爆发俄乌冲突以来，能源和粮食短缺等问题日益严重。多方因素共同作用下，美国和欧盟国家等通胀高企，国内基础设施和初级能源供给体系短板日益凸显，希望重塑自身供应链的诉求大大强化。

二是随着供应链价值链的稳固问题成为各方核心关切，以美国为首的部分国家正积极寻求改变对中国的依赖并试图将中国孤立在供应链之外。一方面，美国着力区域产业链供应链价值链改革，意图将中国从中剥离，重新树立其核心地位和主导力。其中，2022 年 5 月发起"印太经济框架"，日本、印度、泰国等 12 个国家加盟。该框架四大核心支柱之一就是"供应链弹性"，如日后酝酿产生实体规则，必将对我国造成不利影响，在一定程度上影响我国区域经贸融合和周边经济安全。再如，美国与日本、韩国和中国台湾地区的"芯片四方联盟"亦如是。另一方面，美国继续拉拢盟友并持续对我国"贴标签"，指责我国"新疆人权"、强制技术转移等问题，与我国"断链""脱钩"的意味明显。当前，美国等不仅在研究出台各类贸易限制措施，还拟进一步严格对外投资管制。

三是数字经济发展推动全球价值链发生深刻变革。数字贸易降低了全球价值链中通信、物流、匹配等成本，推动国际分工更加专业化、价值链不断延伸。数字服务要素在投入和产出中的比重不断增长，成为价值链的重要组成部分和影响因素。数字基础设施联通，跨境数据自由有序流动、集成开发利用，将促进产业加速变革并创造出巨大增值空间。为抢抓新机遇，包括我国在内的主要经济体，近年来普遍将数字贸易发展作为国家发展规划、政策法规、对外经贸合作和国际规则制定的重点，力求构建良好的制度环境。未来，国际竞争将更趋激烈，推动数字贸易开放发展与合作的意义更为重大。

4. 边境后措施规则/消除规制壁垒纪律已成趋势

随着关税的大幅度削减，贸易壁垒越来越体现为边境后的非关税措施，从 TTIP、TPP（美国 2017 年退出后，蜕变为其余 11 国之间的 CPTPP）到 KORUS、USMCA 和 EPA 的谈判内容也可看出，谈判议题向边境后规制转移。① 典型的边境后的规制措施包括不同的产品标准、对服务供应商提出的单独许可要求，以及对商品、服务和生产过程重复的认证和合格评定程序。边境后的贸易壁垒成为困扰国际贸易的首要问题，WTO 前总干事帕斯卡尔·拉米称之为"21 世纪真正的贸易问题"②。这对中国贸易、投资、产业与经济增长方式是巨大的挑战。如果中国与"一带一路"沿线国家不参与制定新规则，就可能被美欧日联合排斥在下一轮全球化之外，它们面临的规制壁垒将显著上升。

5. 国家安全例外成为凌驾于国际经贸规则之上的帝王规则

国家安全逐渐在国际贸易与投资领域高频出现，也在更多场合成为不同国家和区域在战略规划与规则设计过程中更为突出的考虑因素。国家安全例外过去在国际贸易与投资活动中虽已作为一项贸易投资自由化的例外制度而存在，并在 WTO、双多边贸易协定、投资协定中设有专门条款，以突出国家安全这一问题的重要性，但其可执行性和在实务活动中被真正实践的频率并不高。在国际贸易活动领域，直到 2019 年，WTO 才出现了第一起依据 GATT 第 21 条国家安全作为依据的案件，即俄罗斯—乌克兰禁运

---

① 参见张莱楠：《全球经贸规则体系正加速步入"2.0 时代"》，《宏观经济管理》2020 年第 4 期，第 12 页。

② Shawn Donnan, "EU and ASEAN to pave way for trade pact talks", Financial Times (6 September 2004).

措施案。① 然而，当下国家安全例外已成为国际经贸规则演进中的新重点，美国甚至拒绝 WTO 争端解决机构对国内基于国家安全采取的贸易措施进行审查的权利，国家安全实际上已经成为凌驾于国际经贸规则之上的帝王规则。国家安全的泛化，容易使中国成为他国以国家安全为由实施贸易投资限制措施的对象，不利于中国的对外贸易和投资环境，也不利于"一带一路"建设。

学界认为，目前国际经贸规则发展存在"四化"趋势："零关税、零补贴和零壁垒"方案的全覆盖化、向边境后措施延伸的宽领域化、打造经贸规则标杆的高标准化和建设超大型自贸区的广区域化。② 在全球经贸规则发展方向上，一个是经贸规则的高标准化，前述的超大型区域性自由贸易协定，如 TTIP、CPTPP、KORUS、USMCA 和 EPA，基本上还是基于自由贸易原则的国际经贸规则。而特朗普任总统期间提出的所谓的"三零"方案，更是贸易自由化方案的极致。③ 另一个是这两年美国倡导的所谓"价值观贸易"体系，抛弃了 WTO 非歧视原则，把地缘政治考虑放在前面，泛安全化，意识形态非中立，强调特定的民主和人权模式，搞分裂的分工体系，搞所谓"友岸外包"，把贸易壁垒社会化。④ 另外，以美国为首的西方将国际经贸规则制定场域由多边转向区域，按照高标准以及共同价值观先行制定经贸规则，一方面影响未来全球经贸规则的走向，另一方面成为另一种可用来针对中国的非关税壁垒，形成对中国规锁的态势和"一

---

① Russia-Measure Concerning Trafficing Transit of Ukrainian Products WT/DS512/R.

② 参见沈伟、张国琪：《变局下的国际经贸规则重构——由中美贸易摩擦展开》，《上海商学院学报》2022 年第 6 期，第 44-62 页。

③ 参见王晓红等：《对"三零"国际经贸规则的认识》，《国际贸易》2019 年第 6 期，第 33-34 页。

④ 参见郑韬：《国际观察：假重塑 真维霸 美国"友岸外包"可以休矣》，2022 年 8 月 10 日，http://world.people.com.cn/n1/2022/0810/c1002-32499680.html [2023-02-06]。

带一路"沿线国家利益的挤压。

（五）债务可持续性保障机制不足

债务可持续性与投融资机制密切相关，既涉及对债权的保障，也涉及对债务的保障。西方国家对"一带一路"所谓"债务陷阱"的质疑也集中在这一领域。[①] 只有探索建立健全保障债务机制，尤其是低收入国家的债务可持续性保障机制，才能确保"一带一路"高质量发展。目前，"一带一路"建设过程中债务可持续保障机制的不足，主要体现在如下几个方面。

第一，对于被投资方的事前尽职调查不够。在一些贷款或者投资项目中，没有做到对于被投资方的完备的尽职调查，对于被投资方的贷款权限和还款能力没有一个合理的评估，导致有些贷款可能发放给了不适格的借款人。针对这些问题，财政部已于2019年颁布了《"一带一路"债务可持续性分析框架》作为指南。[②]

第二，对于出现债务问题的救济措施不足。例如，在我国对外签署的合作协议中，缺乏在出现债务危机时的处理机制，不能真正救助陷入困境的借款国。我国经常的做法是进行直接的债务减免，但这种做法常常是治标不治本，并不能解决贷款国本身的结构问题，也难以帮助它们发展经济。在国际上，已经有比较成熟的债务重组的方式，包括中止合同履行诉讼及其他诉讼和非诉讼程序、债权人会议的召开以及多数决原则下的债权

---

① 参见余淼杰、陈卓宇：《在成就与挑战中推进"一带一路"倡议——基于"蓝点网络"计划和"债务陷阱论"的分析》，《辽宁大学学报（哲学社会科学版）》2022年第6期，第3-4页。

② 参见《财政部发布〈"一带一路"债务可持续性分析框架〉》，中国财政部网站，2019年4月25日，http://www.mof.gov.cn/zhengwuxinxi/caizhengxinwen/201904/t20190425_3234663.htm [2023-02-06]。

人决议的形成、对于不同意债权人的强制约束等。而国际货币基金组织和世界银行的《债务可持续框架》是其向低收入国家提供融资的重要决策依据，实践中对包括多边融资机构在内的所有债权人贷款决策都有指导意义。① 对是否要引入这些制度，以及其如何实施的具体细节，应该做出更全面的考察评估、并善加选择。

（六）影响数字贸易的规则阙如

目前，数字贸易快速发展，逐渐成为现代贸易的主要方式。跨境电子商务平台的兴起和跨境电子传输的增长，同样带来了很多新的问题。

1. 跨境数据传输问题

目前，在国际上有几种跨境数据传输的做法：一是鼓励跨境数据传输，认为跨境数据传输能够促进跨境数字贸易，从而增加经济增长，各国不应该限制数据的传输。二是将个人隐私和数据保护作为一项根本指标，认定只有在满足国内法隐私保护的前提下，数据才能向境外传输。比较典型就是欧盟《通用数据保护条例》。三是数据保护还应该考虑国家安全利益，只有在国家安全得到保障的情况下，才可以将数据传输到境外。由于各国数字经济发展情况的不统一以及各国国家利益出发点的不一致，导致各国在对待数据传输的问题上分歧较大，目前还没有一个关于数据跨境传输的国际公约，数据跨境传输主要依靠国内法的单边规定，导致数据的跨境传输还面临很大的不确定性。

2. 电子传输征收关税问题

在 WTO 的框架下，为了鼓励数字贸易的发展，电子传输是免于征收

---

① 参见顾宾：《"一带一路"债务可持续的软法路径》，《上海对外经贸大学学报》2022 年第 1 期，第 24 页。

关税的。RCEP 也认同电子传输免于关税的征收。但是，对于这一问题，国际上仍然有争议。尤其是在互联网公司在全球范围内快速发展、创收价值不断攀高的背景下，很多国家认为因为电子传输产生的价值高也应该征收关税，不能因为仅仅是电子传输的方式而减少国家的财政收入。对此，各国仍须就这一问题进行后续的磋商。

3. 跨境电子商务问题

跨境电子商务问题具体体现在如下几个方面：一是跨境电子商务的准入问题。一般来说，跨境电子商务的准入规定来源于 WTO 成员的入世承诺以及各国签订双边或多边协定所做出的承诺。一般认为，各国做出的承诺，尤其是涉及服务贸易的承诺，能否扩展到以电子方式进行的商业活动，还需要明确。二是涉及数据本地化要求，即出于保护国家利益，包括个人数据和国家安全的需要，有关国家规定境外主体在国内从事商业活动涉及数据的，需要在该国境内设置数据的处理站，并且应当将数据存放在该国境内。然而，这也会增加电子商务公司的成本。所以，对数据本地化问题，需要明确。三是涉及源代码是否开放的问题。有的国家出于保护源代码持有公司的知识产权和商业秘密，保护公司的合法权益的需要，在其缔结的自由贸易协定中规定东道国不得强制要求投资者开放源代码。然而，有的国家出于查阅有关国家安全的信息的需要，规定境外投资者有开放源代码的义务。各国之间主张的不一致，对数字贸易发展不利。

四、"一带一路"国际经贸规则创新和完善

针对一带一路国际经贸规则存在的问题，对标推进"一带一路"高质量发展的需要，有必要加强"一带一路"国际经贸规则的创新，使之逐渐臻于完善。

（一）"一带一路"国际经贸规则创新与完善应遵循的原则

创新与完善"一带一路"国际经贸规则，以构建包容复合型的国际经贸规则体系须遵循一定的原则。

1. 基于现有机制与规则开展创新

无论基于必要性还是有效性考虑，现有的经贸规则完全应该作为当下"一带一路"国际经贸规则创新和完善进程的出发点。

2. 从软法性国际文件走向国际惯例再过渡到国际条约，以国内法治促进国际法治

虽然有学者指出在"一带一路"国际经贸法律规则体系中，中国偏好的国际经济立法模式总体上具有"规则倾向性的特征"[①]，但现阶段，中国可能很难协同其他"一带一路"沿线国家共同设立一整套国际经贸规则。因此，必须立足于现行的倡议以及制定和推广"一带一路"软法性法律文件的国家实践，向沿线国家展现中国的法治理念、法律制度等，这一方面有助于推动当地法治的发展，提高"一带一路"建设整体法治化水平，另一方面有助于将国家的国际软法实践引向国际习惯，再以国际习惯编纂上升为国际条约。

3. 国际合作从双边法治迈向多边法治

现在很多"一带一路"沿线国家通过双边途径进行合作，下一步中国可以从贸易便利化、投资便利化、数字经济规则或争端解决等方向探索推进多边机制。

4. 软法与硬法相结合

不同于传统的国际法机制，"一带一路"的国际经贸规则有不少体现

---

① 参见徐崇利教授在 2018 年上海对外经贸大学"'一带一路'实践中国际经贸规则创新"高峰论坛上的发言，转引自吴岚：《"'一带一路'实践中国际经贸规则创新"高峰论坛综述》，《国际商务研究》2018 年第 5 期，第 97 页。

在形式松散的非正式文件中。传统国际经贸规则是各主权国家意志协调和妥协的产物，在提供国际公共产品时存在集体行动困境等局限性。① 因此，根据"一带一路"建设的实际需要设置规则时，除了以国际经贸条约的硬法模式提供所需的规则之外，应将软法与硬法相结合，以灵活方式采取软法模式以设置合适的规则。

5. 贸易与投资规则相融合

共建"一带一路"的合作重点之一，是"将投资和贸易有机结合起来，以投资带动贸易发展"②。鉴于国际投资与贸易的关联性，在全球价值链的形成过程中已经产生了"贸易—投资—服务—技术诀窍"的密切联系，它们彼此互动，相互影响。③ 在这一过程中，市场准入限制、当地含量要求等"与贸易有关的投资措施"，具有扭曲贸易、削弱一国出口竞争力的效果，而非关税壁垒等贸易保护政策往往会阻碍国际投资。全球价值链要求各国市场规则的一致性及标准的兼容性，因而需要更综合的规制来处理商品和要素的跨境流动，确保贸易、投资和技术政策的协调性和一致性。

6. 从推进制度性开放出发，参照国际经贸规则发展趋势，适当开放"中国议题"的讨论

对外开放是中国最大的改革。党的二十大报告将"稳步扩大规则、规制、管理、标准等制度型开放"和"推动共建'一带一路'高质量发展"

---

① 参见石静霞：《"一带一路"倡议与国际法——基于国际公共产品供给视角的分析》，《中国社会科学》2021 年第 1 期，第 168 页。

② 参见《推动共建丝绸之路经济带和 21 世纪海上丝绸之路的愿景与行动》，人民出版社 2015 年版。

③ 参见梁曙霞：《国际直接投资与国际贸易的关联性——以中国为例的实证分析》，《世界经济与政治论坛》2003 年第 6 期，第 47-49 页；赵瑾：《适应全球价值链 调整政策着力点》，《经济日报》2017 年 3 月 11 日。

作为推进高水平对外开放的重要组成部分。① 从推进制度性开放出发，可参考全球新一轮国际经贸规则变革重构大趋势，逐步将符合改革精神的某些"中国议题"（如竞争中性、国有企业透明度问题等）列入"一带一路"国际经贸规则创新与完善的内容，构筑中国新一轮开放型经济新体制。

（二）"一带一路"国际经贸规则创新与完善的路径

路径是通向目标的。"一带一路"国际经贸规则是为推动"一带一路"高质量发展服务的。在这个目标的指引下，在确立如上指导原则之后，自然应探索"一带一路"国际经贸规则的创新完善之路径。

1. WTO 规则可作为构建与完善"一带一路"国际经贸规则的基础

考虑到 WTO 作为多边贸易体制的不可替代性，为避免某些国家利用"协商一致"的决策机制破坏特定规则的议程，应灵活采取联合声明倡议（Joint Statement Initiative, JSI）② 和复边协议（仅在部分参与国之间生效）的方式制定规则，推动 WTO 改革。

首先，应尽早启动 WTO 争端解决机制的上诉机构成员的任命，恢复上诉机构的运行，为 WTO 改革注入动力。同时，推进中国倡议的《投资便利化协定》的早日达成，从而提高"一带一路"沿线国家的投资便利化程度。

其次，考虑以双边、多边及超大型区域自贸协定作为谈判新议题（例如，数字贸易、产业补贴等）的试点，从而为 WTO 框架内创制这些领域的规则提供可借鉴的模板。③

---

① 参见《高举中国特色社会主义伟大旗帜 为全面建设社会主义现代化国家而团结奋斗——在中国共产党第二十次全国代表大会上的报告》，《人民日报》2022 年 10 月 26 日。

② JSI 是一部分 WTO 成员发起的谈判工具，这些成员寻求在不遵守涉及 WTO 全体成员的协商一致决策规则的情况下推进对某些具体问题的讨论。

③ 参见孔庆江：《美欧对世界贸易组织改革的设想与中国方案比较》，《欧洲研究》2019 年第 3 期，第 52-54 页。

2. 继续升级或重新商签双边投资协定、自贸协定和税收协定

我国现有双边投资协定多签订于 20 世纪 80 至 90 年代，当时我国是资本输入国，有关外资工作的目的是吸引外资，订立协定的目的主要是为了以国际协定的形式展示对外资的承诺，所缔结的协定内容相对保守，限于当时市场可开放的条件，投资自由化程度定得较低，通常未包含市场准入等规则。这与中国目前的双向投资大国地位，和在“一带一路”建设中更多作为资本输出国的实际情况不相适应。因此，应适时启动双/多边投资协定的升级或重签谈判，或以自贸协定谈判的形式提供新型的投资规则，以加强对“一带一路”建设中的海外投资权益的保护。[①]

现有双边税收协定不利于充分调动海外投资者参与“一带一路”建设的积极性。宜通过升级或商签税收协定，完善税收抵免和税收饶让条款，完善资本弱化和价格转移条款。[②]

3. 大力推进“一带一路”贸易便利化

以 WTO 的《贸易便利化协定》为示范，大力推动“一带一路”沿线国家的贸易便利化，特别是围绕中欧班列的运行，加快铁路运输提单制度和统一国际铁路运输规则的建设。

4. 完善“一带一路”融资机制，落实债务可持续性保障机制

针对七国集团公报提及的基础设施伙伴关系计划，夯实一带一路融资机制，落实债务可持续性保障机制。首先，要落实债务可持续性指导原则，建立保障机制。其次，要建立“一带一路”沿线国家之间多层次、多种类的金融服务体系。应本着“平等参与、利益共享、风险共担”的原

---

① 参见孔庆江、王荣华：《“一带一路”投资安全保障机制体系研究》，《上海政法学院学报（法治论丛）》2022 年第 5 期，第 89—90 页。

② 参见汤凤林、陈涵：《“一带一路”背景下我国双边税收协定的现状、问题与完善建议》，《国际税收》2020 年第 5 期，第 57—58 页。

则,积极推动建设长期、稳定、可持续、风险可控的融资体系。

5. 坚持包容性可持续发展原则,引入新领域的国际经贸规则

坚持包容性可持续发展,推动能源向高效、清洁、多元化发展机制发展,促进包容性贸易投资,落实2030年可持续发展议程。

在"一带一路"国际经贸规则中引入公共健康安全议题,特别是促进疫苗的联合研发和技术交流;鼓励向发展中国家转让相关技术,鼓励区域和多边开发银行为发展中国家采购和生产疫苗提供更多优惠融资。这些均应成为未来国际经贸规则的发展方向。

在数字贸易方面,中国应充分发挥在跨境电子商务领域的领先优势,构建既符合我国国情和自身利益,又能为国际社会所接受的数字贸易规则。

还可引入软性的环境保护标准和可持续发展的条款,参考国际劳工组织的相关公约并引入劳工标准条款。我们要反对"只有国有企业接受反竞争的补贴是需要制约的,私营企业天然地不受约束/其他国家有判断权"的主张。

6. 围绕"一带一路"建设,强化自贸区战略的实施

通过自由贸易协定,创新"一带一路"国际经贸规则体系。要全面落实亚太经合组织互联互通蓝图,推进区域经济一体化,推动贸易和投资自由化便利化。可考虑推广以RCEP为"21世纪海上丝绸之路"的经贸规则安排,推动加入CPTPP谈判,早日建成高水平亚太自由贸易区。

7. 加强我国涉外经贸法治体系建设

从国际法治的成熟经验来看,国内法的水平通常决定了国际法治的层次,特别是引领国际规范建设的国家的法治水平非常重要。中国作为"一带一路"的倡导者,应先立足于自身经贸法治建设,特别是自贸试验区和

海南自贸港的法治建设，以制度性开放的成绩，推进"一带一路"国际经贸法治建设。

8. 完善国际商事争议解决机制

在"一带一路"争议解决方面，国际民商事争议的解决是重中之重。要充分利用现有的争端解决机制，发挥其作用，服务于"一带一路"建设中的争端解决需要。同时，还需积极开拓，大胆创新，拓展国际区域合作，进一步完善国际商事争议解决机制，构建多元化国际商事争议解决机制，保障"一带一路"建设有序推进。

"一带一路"国际商事争议解决机制主要由诉讼、仲裁和调解三大机制构成。在司法机制方面，应发挥中国国际商事法庭在保障"一带一路"建设中的作用，可以考虑比照苏州国际商事法庭设立体系化的专门解决国际商事争议的法庭来保障涉外争议解决，进而推动我国涉外民事诉讼制度不断完善。同时，在与"一带一路"沿线国家加强民商事司法协助机制的基础上，还应建立推定互惠关系，并通过我国参与的商事法院常设国际论坛发布的《执行有关金钱的商事判决的多边备忘录》，创新性地促进判决有效流动。推动"一带一路"沿线国家尽快加入我国已签署的海牙《法院选择协议公约》《新加坡调解公约》，签署《承认与执行外国民商事判决公约》。①

在仲裁机制方面，加快修订我国《仲裁法》，完善现代化和国际化的仲裁制度，借鉴一流国际商事仲裁实务经验，考虑引入临时仲裁、友好仲裁等先进仲裁制度；在开放境外仲裁机构在北京自贸区和上海临港新区开设业务机构的背景下，可以考虑加强我国仲裁机构与外国知名仲裁机构的

---

① 参见孔庆江、王楚晴：《中国商事判决跨境执行司法合作体系新探》，《江西社会科学》2023 年第 2 期，第 31-33 页。

合作,以此借鉴先进的国际商事仲裁实务经验和吸引优秀仲裁员来创新我国的仲裁规则设计,并打造专业化和国际化的仲裁队伍;充分利用"一站式国际商事纠纷平台"提高仲裁效率,提升我国仲裁机构在国际上的话语权与竞争力;充分利用《纽约公约》带来的仲裁裁决能在172个国家执行的优势,保证涉及"一带一路"的商事仲裁裁决在全球执行。

在调解机制方面,加快制定我国《商事调解法》,重视调解优势的发挥,构建国际商事调解机制,进一步促进我国商事调解机制的规范化、系统化;完善国际商事调解培训模式,培养建立高水平、专业化、国际化的国际商事调解队伍;借助《新加坡调解公约》的效用来提升国际商事调解协议的执行力,提升国际商事调解的价值。[①]

五、结束语

"一带一路"国际经贸规则体系的构建,要以推动构建人类命运共同体理念为指导,以实践为导向,以引导合作、促进交往、规范行动、解决分歧为方向,以构建包容复合型的国际经贸规则体系为目标。要推动现有不同规则之间的相互包容,特别是在不同规则之间搭建沟通和衔接的平台,防止不同规则之间彼此冲撞,特别是要采取循序渐进的方式,促进新老规则之间的协调和相互适应,推动建立自由贸易协定网络,为推动"一带一路"高质量发展创造条件,使共建"一带一路"成为深受欢迎的国际公共产品和国际合作平台。

---

① 参见祁壮:《国际商事调解发展的新趋势与我国的应对》,《江西社会科学》2023年第2期,第78-79页。